どこにも居場所のなかった
僕が見つけた

「じぶんごと通販」の起業戦略

株式会社エレファント
代表取締役社長
山口 武

ダイヤモンド社

はじめに

「D2C通販」で達成した、マイナスからの一発逆転

「転落人生だねぇ」

僕にそう言ったのは、ある転職エージェントの社長でした。何度目かの転職活動をしていた20代後半の頃のことです。

初対面の人物からそんなことを言われる理由は、嫌というほどわかっていました。

僕は、進学校とされる高校から慶應義塾大学へと進み、卒業後は老舗の大手食品メーカーに入社。しかし、そこを5ヶ月で退職してからは、アルバイトも含めて転職を繰り返している身だったからです。

いい高校からいい大学へ、そして大企業へと順調に進んだエリートが失敗して、人

生の落伍者《らくご》になったわけか……と、転職エージェントの社長が僕の履歴書を見て思っているであろうことは表情から見てとれました。

そして15年後——**現在の僕は、D2C通販事業を中心に年商約20億円の会社の経営者です。**

実を言えば、新卒で入社した大手食品メーカーを辞めて紆余曲折の後、こうして起業することになったのは、**そもそも僕が根っからの「厄介者」**だからです。

詳しくは本文で触れますが、10代の頃から僕は、周囲の同調圧力や暗黙のルールに従うことに違和感を覚え、それがつい言葉や表情に出てしまうので、どこにいても「扱いにくい奴」とみなされがちでした。大企業では、細分化された役割の狭い枠内で成果を出そうと必死に働くことへの虚しさも加わり、もう1秒でも早く抜け出したくなって退職したのです。

辞めてからの3年間は、家賃2万5000円の風呂なしアパートに移り、アルバイトで食いつなぎながら小説を書いていました。自分が常に抱いてきた違和感や疎外感を突き詰めて形にしたかったのです。しかし、とんがった20代の厄介者が考えた未熟なストーリーは、新人賞の一次審査も通らず落選。そんなある日、実家の母から窮状を訴える電話がかかってきました。

わが家は、父が僕の幼い頃に病死し、経済的に楽ではない家庭でした。実家に仕送りする必要が生じたので、僕は就職情報誌から何社かの連絡先をメモし、次々と電話をかけ続けました。そして、ニッチジャンルの広告代理店に採用され、高校生に向けた進学情報誌と広告制作を任されたのです。

その会社で僕は、高校生から大学・専門学校への資料請求数を増やすアイデアなどを考え続け、毎日のように提案していました。それで変わり者扱いはされましたが、社会に出て初めて自分を認めてもらえたと実感できた職場でした。

でも、3年経った頃、「自分の仕事は高校生にとって本当に適切な進路選択の助けになっているだろうか？」と根本的な疑問が湧き、これを真正面から考えるようになります。広告代理店の社員である以上、クライアントの要望に応えて会社の利益に貢献するのが役割ですが、高校生を単に「市場」と考えて儲けているだけのような違和感を覚えて退職しました。

そこで、ある通販ベンチャーの求人情報を友人から得て応募し、これが通販業界に飛び込むきっかけとなりました。近い将来の起業を見すえながら、複数の通販会社を渡り歩いて経験を積んだ後、通販専門のコンサルティング会社に入社します。そこでは大手から中小に至るまでの通販事業コンサルティングを行いました。

しかし、ここでも僕は違和感を覚えるようになります。ただ数字を伸ばしたい一心で、「何かうまい儲け話は？」「何が当たりますかね？」と言うクライアントと、その求めに応じたアドバイスをするコンサル。その思考回路は、かつて就活の際に有利だからという理由だけで留学やボランティア活動をしていた大学の同級生たちと同じに思え、本質からかけ離れた姿に見えたのです。

会社を大きくすること、儲けを大きくすること自体を目的にするのがビジネスの本質なのだろうか？

本当に必要なものを、どうしたら作れるのだろうか？

それを本当に必要とする人に、どうしたら確実に届けられるのだろうか？

そんな思いを抱えながらコンサルティング会社を退職し、起業したのは37歳のときのことです。

違和感がどこからくるのかを探っていくと、自身の価値観の本質が見えてきます。

僕が通販・D2Cでやりたいこととは、本当に必要とされる善いものを、切実に求めている誰かに届けること。そんなまじめなビジネスを追究していくことでした。

その「考え続ける力」「こだわり続ける力」こそ、実はダイレクトマーケティングで成功するには非常に重要だというのが僕の実感です。

だから、**大きな資金力はないけれど何かやってみたい、今いる場所では本当の自分を表現しづらい、周囲から理解されにくい自分のこだわりを形にしたい、と思っている人がいるなら、「じゃあ、一歩踏み出してこちらに来てみないか?」**と声をかけたくて、僕はこの本を書くことにしました。

一発当てて大儲けしようぜ、と誘っているのではありません。あなたが他の人と違う何かをずっと抱えてきたのであれば、そのこだわりをとことん突き詰めてダイレクトマーケティングの世界で挑戦してみるのも悪くないんじゃないか? ということです。

こだわりがある人ほど、エネルギーを投入してとことん考えることができる。だから、オリジナルな価値やそれに基づいた商品を生み出せるのだということに期待したい。そして何より、本気で考えた商品でまじめなビジネスにコツコツ取り組む人を、僕はこの世界に1人ずつでも増やしていきたいという思いがあります。

この本には大ヒット商品を生むヒントやら、要領よく一人勝ちするためのテクニックやら、楽に稼ぐための方程式などは書かれていませんが、「厄介者」だった僕が何にこだわり続けてきたのか、失敗を繰り返しながらどんな工夫を重ね、どんな戦略を立ててきたのか、僕自身の実体験を基に、皆さんに現実的に役に立つ形でお伝えしていきます。第1～2章までは「じぶんごと通販」に行きついた背景、第3章以降はその具体的な実践法について述べていきます。

もちろん、けっして楽な道ではなく、10回チャレンジしたら9回は失敗して恥をかく……ということの繰り返しです。目標を設定していろいろ試して努力し続けることも、戦略を練ることも必要です。ただ待っていても口コミは生まれないし、広げることもできません。あきらめず、ねばり強く続ける心の強さも必要です。その厳しさは、これから先もまったく変わらないだろうと僕自身も覚悟しています。

そのうえでなお重ねて言いたいのは、**「通販は本気で取り組む人がチャンスを見出すことのできるビジネスの形」**だということです。

しかも、資金が少なくてもスタートできる環境は20年前より確実に整ってきていると思います。**そのチャンスは誰にでも、公平に用意されている、**と言えるのです。

『ｎｉｃｏせっけん』は、僕たち夫婦が抱えていた悩みから生まれた商品です。悩みというのは、わが子のアトピー性皮膚炎でした。何とかしてやりたいという本気の思いをもつ人間は、まず行動します。自分や大切な誰か、あるいは大切な何かに対する深い思いや切実な悩みは、人に本気のアクションを起こさせる出発点となるのです。

この本が、あなたの背中を押し、行動に移るきっかけとなることを願っています。

株式会社エレファント 代表取締役社長　山口　武

「じぶんご通販」の起業戦略

目次

第1章 マイナスからの出発で年商20億円を達成するまで

第2章
D2Cは挑戦者に公平なチャンスをもたらす

第3章 実例でわかる商品開発『nicoせっけん』ができるまで

第4章 成功する広告、失敗する広告

第5章
組織は小さいほうがうまくいく

おわりに

第1章

マイナスからの出発で年商20億円を達成するまで

chapter 1

1 株式会社エレファントとは？

僕が37歳で興した株式会社エレファントは、自社開発のこどもスキンケアブランド『ｎｉｃｏ（にこ）』をはじめとする通販事業と、中小企業に対する通販事業立ち上げのコンサルティング事業とを展開する、社員数名の小さな会社です。

自社で開発し、２０１６年に販売を開始した敏感肌用ベビーせっけん『ｎｉｃｏせっけん』は、２０２３年12月に累計販売個数３００万個を突破しました。実は発売後の1年間は1個も売れなかった『ｎｉｃｏせっけん』ですが、品質と使用感を評価してくださる声がＳＮＳで広がり、徐々にリピーターが増えていったのです。

エレファントの最大の強みは、「開発動機のある本気の商品」です。これを武器に、単品リピートという形態で、ゼロどころかマイナスからの逆転に挑戦し、結果を出すことができました。今では通販だけでなく大手ベビー用品店等、全国の店頭にも『ｎ icoせっけん』が並んでいます。

潤沢な資金や強力な人脈などなくても、たった1人でスタートしても、本気になれば逆転できる。

僕はそれを通販ビジネスにおいて実現しました。そんな僕が今に至るまでにたどってきた道を、まずはご紹介しておきたいと思います。

chapter 1

2 抱き続けてきた疎外感

こんな経験はないでしょうか？

友人たちとの会話で、自分はちょっと違うと思うのだけれど、と言いかけて、周囲の「何を言ってるの？」という顔に気後れして言葉を呑み込んでしまう。

あるいは、世間でもてはやされている価値観に皆が口をそろえて同調するのを聞いて、まったく共感できず、違和感を抱くのは自分だけか、と孤立したような気持ちになる。上司からの納得できない指示に対して反論しようとしたが、同僚たちが熱心に「頑張ります！」と答える中、何も言えずに終わってしまう……。

僕は10代の頃からこういう場面を多く経験していましたし、そのたびに疎外感を抱いてきました。そして、空気を読んでその場を黙ってやり過ごすということもできない僕は、違和感を覚えると、すぐ言葉にしてしまい、そのせいで場の空気を一変させてしまうことが少なくなかったのです。

けれど、僕には悪気も批判するつもりもなく、いつも「今ここで必要なことは何か？」「本当に大事なことは何か？」と考えているので、引っかかるものがあると、ストレートに言葉に出してしまうのです。自分の価値観と相容れないことに対して、一歩踏み込んで質問したりして、相手の顔をこわばらせるような事態もよく引き起こしてきました。

それでも学生時代は、「山口はそういう奴だから仕方ない」で済まされていたことも、社会人になるとそうはいきません。職場の先輩たちを交えた飲み会で「なぜ、あの人があそこまで出世できたんですかね?」と日頃から感じていたことを口にしてしまい、同僚がギョッとして慌てて僕をたしなめたこともありました。

歴史のある大企業だけに古い体質で上下関係が厳しく、年功序列で出世していく社内風土でしたから、僕は生意気で扱いにくい厄介な新人ということになり、先輩や上司、特に中間管理職の男性上司からは徹底して嫌われたのでした。

このときから、自分は厄介者なのだ、とはっきり意識するようになったのです。

大企業の中での違和感の正体

僕の物事に対する取り組み方、考え方は、小学校から大学まで続けていたサッカーがベースになっていると思います。勝ちたいなら勝つための戦略を立て、考えながらプレーするのは当然で、仕事においてはなおさらそういう思考がシビアに求められるものと思っていました。新入社員として関西の支社に配属されたときも、そんな感覚で臨んでいたのです。

しかし、離れた場所から東京本社とのやりとりをしていると、自分が属している組織の巨大さを実感するとともに、細分化されたロジックツリーのような組織の末端にいて、全体を俯瞰《ふかん》することができないことに、不安とも孤独ともつかない感じを抱くようになりました。割り当てられたポジションの枠内の成果を追うだけで、自分のしていることが全体とどう関わっているのかが見えてこない、手応えがないまま待たされている、そんな戸惑いを抱いたのです。

当時の僕は、サッカーで言うなら、自分がこの試合でどう動けばいいかを何とか見きわめようとしていて、誰がキーパーソンなのか、誰にボールを集めればいいのか、誰を軸に戦略を組み立てればいいのかと考えながら、さまざまな部署の人と関わっていきました。でも、そこで思い知ったのは、優秀な営業も技術者も、本社のトップが決めて動かしている仕組みの中で自動的に動いているだけなのだということでした。そして、自分も同じベルトコンベアの上にいて目先の景色しか見えない、ということだったのです。

でも、このとき僕が感じていたのは、一般的によく言われるような「組織の歯車なんかで終わりたくない」という反発心とは異なります。

何のために今、これをしているのかが見えてこない、自分が日々行っている業務が会社の目指すものとどう関わっているのか、もっと言えば会社の外側の世界とどうつながっているのかが見えないという辛さでした。まるで自分のいるところには、いつも薄暗いスポットライトだけが当たっていて、視界がその範囲に限られているかのような感覚です。

しかも、そんなことを感じている僕こそが違和感をもたらす存在なのか、上司からは何かにつけて厄介者として扱われることが常態化していきました。やがては、「ここでは自分はどうにも通用しない」と、僕は自分自身をどんどんあきらめるようになっていったのです。

入社から5ヶ月が経ち、これ以上はもうダメだと思った僕は、人生を一時停止してリセットしようと決心し、自分自身に肝試しを課すような気持ちで会社を辞めました。若さの勢いと気負いもあって、正規のレールをわざわざ自分から外れたわけです。常識的な価値観で言えば、道からそれたはぐれ者ということになるのでしょう。
こうして僕は、正真正銘の「厄介者」になったのです。

居場所を求め続けた日々

最初の会社を辞めてからコンサルとして独立するまでの13年間、僕は何度か居場所を飛び出しては新しい場所に移ることを繰り返します。その原因でもあり原動力でもあったのはいつも、周囲に対する違和感と、それにともなって自分の中に深まる疎外感でした。

大企業の中にいて社会との関わりが見えなくなってしまっていた僕は、そこから飛び出し、アルバイトをしながら小説家を目指しました。それは、世の中に対して感じてきた違和感や、それを誰とも共有できず疎外感だけを募らせてきた自分自身の内面を整理する作業であり、社会とつながり直す方法を見つけるための手探りの策でもありました。

僕は小説で、周囲と上手に同調できる者が評価されてどんどんポジションを得ていき、「意味のないルールには従えない」と感じるだけで厄介者となってしまう社会の不思議な構造を、主人公に語らせることで訴えたいと思ったのです。これだけは譲れないという自分のこだわりゆえに厄介者にならざるを得ない僕のような人たちに呼びかけたかったし、つながりたかったのです。

かつての同級生や同僚たちが大企業でエリートとして順調に出世コースに乗っているとき、僕はフリーターをしながら自分自身の本質を徹底的に探ってはあがき、小説を書き続けました。

この「自分との格闘」に、僕はなんと3年もの時間を費やしたのでした。しかし、書きあげた小説は、文芸誌の新人賞に応募しても一次審査さえ通過することなく、モノにはなりませんでした。自分で選んだこととはいえ、正直、きつい3年間でした。

このきつい日々は、急遽、実家への仕送りが必要になったことで打ち切られました。何が何でも仕事を探してお金を稼がねばならない事態となり、僕はマインドリセットをし、再就職して社会復帰することになったのです。

chapter1

3 ダイレクトマーケティングとの出合い

再就職したのはニッチジャンルに特化した広告代理店でした。しかし、希望していた正社員での採用は叶わずアルバイトとして雇用されました。3年間のブランクがネックだったのかもしれません。それでも崖っぷちの経済状態なのですから、クビになっては困るので、それまでとはガラリと生活を変えて無我夢中で働きました。

この会社は、高校生に向けたＷｅｂサイトや紙媒体での進学情報の提供と、大学や専門学校の広告制作を手掛けていました。

僕が採用された部署では当時、高校生から専門学校や大学などへの資料請求数を増やすことが課題でしたが、小さい広告代理店が取り組めることには限界があります。

僕はもともと広告に興味はあったのですが、社内の皆がどうすれば効果が出るのか手探りの状態です。高校生にアピールするための広告や仕掛けのアイデアを毎日必死に考えて、常に提案し続ける、という日々でした。

「広告のパターンを変えましょう。各大学の在学生にインタビューして、高校生が知りたい情報を語らせてはどうですか？」

「校風を延々と語る大学側の原稿ではなく、アピールポイントだけキャッチーにまとめてはどうでしょう？」

「高校生向けに、新しく情報誌を発行しませんか？」

あまりに提案が頻繁なため、またこいつが面倒なことを言っている、という顔をする上司もいましたが、社長が面白がってくれたおかげで、僕は1年ほどで正社員になることができました。また、新しく動いた企画のいくつかが功を奏し、高校生からのアクセス数も増え、僕自身、広告というものの面白さに目覚めていったのです。

数ヶ月後、僕は社長から突然、「企画室を作ったから、新しいことを考えろ」と言われました。事実上、メンバーは僕1人なので、デスクに座っていても何も生まれません。できることから始めようと考え、営業部に頼み込んで高校の進路指導の先生を紹介してもらったり、大学の教授に取材したりして、ここでも手探りしながら新たな企画を打ち出し、最終的には進路学習のための教材を1人で作り、開発しました。仕事はきつかったのですが、アドバイスしてくれる人がいない分、自由に試すことができ、ダイレクトに成果を実感することもできました。初めて自分が認めてもらえたことを実感できた職場でもあったのです。そして、ここで学んだことが今のビジネスに確実に生きていると思っています。

退職を決意した決定的な理由

ただ、ここでもやがて、会社の目指すものと自分の進みたい方向にギャップを感じるようになります。

僕は自分の作るものが高校生一人ひとりの進路選択に本当に役立つものになっているのか、彼らが本当に知りたい情報を提供できているのかを考え続け、「偏差値だけを基準にするのではなく、本質的な選択をしよう」というコンセプトを掲げていました。しかし、当然ながら会社が追求しているのは、クライアントからの評価と利益です。会社にとって、高校生は単にビジネスの素材にすぎないように思えました。

けれど僕は、どうしてもそんなふうに考えることができず、会社が目指すものからしだいにどんどん乖離《かいり》していったのです。クライアントが喜ぶだけの広告ではなく、相手の心に届く広告を作りたいと思うようになったとき、僕は退職を考え始めました。

chapter 1

4

独立を目指して通販会社に転職した

とはいえ、辞めて、どうする？

明らかに周回遅れとなっている僕が、ここから人生の巻き返しを図るには、いずれ起業するしかないように思えました。やがては独立することを目標に転職先を探そう、そう考えたのです。

当時はちょうど、ダイレクトマーケティングとインターネットが結びついて多様な形で急速に発展し、これまで日陰の存在だった通販ビジネスが脚光を浴び始めていた時期でした。まだまだ怪しい側面も払拭しきれてはいないものの、注目された商品や会社がマスコミでクローズアップされることもあり、ダイレクトに結果の出るビジネスである点に、僕も興味をひかれていたところでした。

この時期に偶然、古い友人と再会したのは僕にとって幸運でした。彼は、ある通販ベンチャーにデザイナーとして勤務していました。

女性の肌の悩み、特にシミに悩む女性のためのスキンケア商品で売上を伸ばし、注目されている会社でした。しかも近々、転職情報誌で正社員の求人があるというのです。仕送りの必要もあるのでブランクを作るわけにはいかない僕は、どんな人材が採用されやすいかなどの情報を友人から得たうえで戦略的に応募し、無事に採用通知を受け取ることができました。

これにより、数年間にわたる悪戦苦闘をついに終えて広告代理店を飛び出し、ここから僕は通販業界に足を踏み入れることになったのです。30歳になる直前のことでした。

視点を変えた広告での成功

前職の経験を買われ、この通販ベンチャーで僕は制作部門のリーダーを任されることになりました。

ここで僕は、最初から積極的に攻めの姿勢で臨みました。頼まれてもいないのに自分のアイデアで広告を考えては、「売れると思います！」と強気で提案していきました。ただ実際には、多くの広告が空振り、外れることがほとんどだったので、「新しく来た奴は勢いばかりでたいしたことない」「あれで慶應卒なんだって」という陰口も耳には入ってきました。

もっとも、広告の面白さにはまって夢中になっていた僕は、デザインの本を買い込んではフォントやシャープなモノトーンにこだわるなど、カッコよく見えることばかりを追求し、その結果、失敗作が多かったのも事実です。

何回も試していく中で、あるとき、視点を変えて作った広告が大きく当たったことがありました。それは、「お客様の体験談」を前面に出した広告です。

これは広告代理店時代の経験がヒントになっています。かつて、高校生にアピールするには親近感の湧く在学生インタビューで大学の魅力を語ってもらう、というコンセプトで広告を作った経験を応用して、「このスキンケア商品を使って悩みが解消した」というお客様の体験談を前面に出し、ストレートなキャッチフレーズを謳《うた》った広告でした。

これに対して他の社員からは、「他人の話を掲載するより、商品の成分や効能をアピールするほうが重要だ」という声もあがりましたが、僕は、それは違う、と思ったのです。悩んでいる人、その悩みゆえに孤独や不安を抱えている人にとって重要なのは、「この悩みを理解してくれる人がいる！」「解決の方法がある！」ということなのではないか？　悩みさえ解決できるのなら、商品の効能のメカニズムや成分などは二の次、あえて言うなら、そんなことは「何でもいい」のです。求められるのは、「あなたの悩みに応えるものが、ここにあります！」と相手の心に直接届くかどうかです。

この広告に対する反応は、CPO（新規注文1件当たりの広告費）で言えば約4000円という結果でした。1件当たりの広告コストが通常1万～1万2000円のところ、半分以下の400円に抑えることができたのです。

評価と逆風、そして独立へ

例によって社長が僕を面白がり、「あいつは誰だ？　何だ？」と言い始め、入社1年も経っていない僕は突然、「お前が企画マーケティング部全体を統括しろ」と命じられたのです。実質的にマーケティング部門の責任者というだけでなく、通販事業全体の責任者となったわけです。

もともと優秀な営業マンだった社長の関心は、通販の実務より数字を伸ばすことにあり、「こいつにリーダーを任せて売上を伸ばそう」と考えたのかもしれません。年功序列ではなく実績重視という、僕にとってはありがたいフェアな経営者でした。ですが、古株の社員たちは当然、面白くないと感じたはずで、周囲の雰囲気は刺々しいものとなりました。上司だった人たちとの関係も悪化して、僕への逆風は強くなる一方、なのに仕事は忙しくなる……。正直なところ、だいぶきつい4年間を過ごしたのです。

その間、ブランド全体の年商は120億円に達し、代理店をはじめ業界のさまざまな方面からも賞賛の声をいただくようになったのですが、実は僕自身は内心、非常に焦りを感じていました。

というのも、もともとは通販ビジネスで独立することを前提にこの業界に入ったのに、実際は通販ビジネスをゼロから立ち上げる方法はいまもってまったくわからないままだったからです。120億円規模の事業の管理職として周囲から評価される状況と、自分が目指すものとのギャップに焦り、ここにいても独立はできないと思い至って退職を決意しました。

その後、別の通販ベンチャーでゼロからの立ち上げを経験し、通販専門のコンサルティング会社に勤めるなど、さらに数社で通販ビジネスに関する経験を積んだ僕は、ついに2014年、通販コンサルタントとして独立しました。

それから2年後の2016年には、やがて会社の主力商品となる『ｎｉｃｏせっけん』の通販事業をスタートさせたのです。

chapter 1

5 厄介者は本質を見る目をもつ

ここまで自分のたどってきた道のりを振り返ってみると、僕はどこに行っても数字を上げることだけに夢中にはなれず、会社の目指すものとの大きなズレに悩んだり、自分の状況と進みたい方向とのギャップを感じたり、きつい状況に身を置きながらも必死に取り組むことで、自分が目指すものを見出してきたように思います。

自分の中に湧き上がってくる違和感の正体を考え続けることは重要です。そこを突き詰めることで、自分のこだわりや、本当に実現したいことが何なのかが見えてくるからです。

そして、「ここではそれが実現できない」と感じるたびに、僕は次の場所へ、次の場所へと飛び出すことを繰り返してきました。

こう書くと、僕がそのつど明確な目的を見出してきたかのように見えるかもしれません。でも、自分の中にどんどん膨らむ違和感と格闘し続けているときも、飛び出すことを決心した瞬間も、僕はひたすら目的を手探りしている最中でした。だから、迷いながら手探りしている人の味方になりたいのです。

何かを始めるために絶対に必要な資質とは

例えば、この本を手にとってくださった方の中には今、何かを手探りしている人がいるかもしれません。

ずっと勉強を頑張ってここまできた。スポーツに全力を傾けてきた。目標とする大学に進んだ。目標とする企業に就職した。仕事で大きなプロジェクトを成功させた。そうしてこれまで常に目的意識をもって頑張ってきたのに、たどりついた場所で目標を見失ってしまったと感じている人。どこにチャンネルを合わせれば、次に集中できるものに出合えるのかまったくわからなくなっている人。あるいは就職活動の中でモヤモヤしている人……。けれど、経験とスキルの裏付け、そして学び続ける意欲のある人ならば、何かを始めることが可能だと僕は思います。

目的が見出せずモヤモヤした気持ちを抱えているなら、次の目標として起業も視野に入れてはどうでしょうか？　年齢や学歴にかかわらず何かに頑張った経験がある人には、それができるはずです。

新しい価値観は学歴では作れない

僕が起業するに当たって実感したのは、学歴は確かに努力してきた証明の1つではあっても、学歴だけで起業できるわけではありません。考え抜いて自分のビジネスを構築していくには、学歴に甘んじることなく勉強し続けることも必要だし、努力もセンスも必要です。僕のように一度レールから外れてしまった厄介者は、努力することなしに一発逆転することはできません。

あえて言えば、これまでになかった価値観で何かを作り出せるのは、実は世の中とうまく調和できない僕のような厄介者なのではないでしょうか。

固定化した世の中の価値観からちょっと外れた自分のこだわりをもちながら、まだ声をあげていない厄介者たちに僕は、ただの厄介者で終わらず「挑戦者」になるための活路として、ぜひD2C通販に注目してほしいと考えています。D2C通販で起業した僕自身の経験を知って、チャレンジの入口に立つ人が1人でも増えたら嬉しいかぎりです。

第2章

D2Cは挑戦者に公平なチャンスをもたらす

chapter 2

1

D2Cは肩書がなくても始められるビジネス

株式会社エレファントは、2014年、僕の出身地であるさいたま市のアパートの一室から始まりました。

コンサルティング会社を退職した直後、数社から仕事の依頼をいただくことができ、自分の仕事に対して対価を払ってくれる人がいることに励まされての独立でした。専門領域は「通販事業の立ち上げ」。エレファントは通販事業立ち上げのコンサルティング事業でスタートしたのです。顧客は、まったくの個人からやや規模の大きい会社までさまざまで、当時は17社ほどを同時に手がけ、ゼロから立ち上げてビジネスとして成り立つまでをサポートしていました。

卸業者や小売店などを介在させる必要がないD2Cは、潤沢な資金や強力な人脈などない、弱い立場にある人が始めやすい形でもあると思います。

以前は、システム開発のためだけに300〜400万円ほどの費用がかかっていましたが、さまざまなレベルの発展によって、個人が一から着手できる環境も整ってきました。つまり、誰もが公平に参入して事業を立ち上げることのできる、開かれたフィールドと言えるでしょう。

長期継続の商品を作るために最も重要なこと

ただし、顧客と直接つながるビジネスであるということは、いかにそのつながりを維持し続けるか、いかに選ばれ続けるかがすべてです。長期的に継続する商品、本当に必要とされる商品を作り出すには、ベースとなる考え方を構築することが重要です。

単に今のトレンドを読んでマーケティングをしているだけでは、本質的な力のある商品は生み出せません。売上だけを目標に、今、売れている商品の模倣をするというのは、ある種の嘘をつくようなものだと僕は考えます。本当に必要だからお金を払って手に入れたいと思ってもらえるものを考えなければ、長く売れる商品を作り出すことはできません。そして、商品が「オリジナル」であることが必須です。

こう考えるに至ったのは、独立前の僕がまさに売上目的のコンサルだったからです。通販業界の主流である数字至上主義の一端を担ってしまったことへの反省と、売上だけを目的とした商品開発がもたらす功罪を思い知ったうえでの結論だと言ってもよいかもしれません。エレファントの商品企画と開発のコンセプトは、そうした僕のこだわりから生まれました。

chapter 2

コンサル事業を通して抱いてきた違和感

もともと数字だけを追求することに違和感を抱いてきた僕なのですが、通販専門のコンサルティング会社に移って仕事をしていく過程で、実はある時期から一気に数字に傾倒していきます。

なぜなら、クライアントをはじめ、ベンチャー企業の経営者たちなど、業界の人々が盛んに「形ばかりのビジョン」を語ることに辟易《へきえき》していたからでした。

世の中のトレンドを読んだうえでのとってつけたようなビジョンや、資金集めを狙って戦略的な言葉を連ねたビジョンは、本気でそう思っていないからこそ虚しく響きます。それより、クリアに結果が見える数字のほうがよほど清潔で公正だと感じ、若い自分が認められるには数字で結果を出すことがすべてだと考えるようになっていったのです。何より、生活のための仕事だと思って割り切っていた面もあります。そして実際に、コンサルとしてそれなりの成果を出していったからでもあります。

売上だけを見るビジネスの危うさ

当時の僕は、いわばＥｘｃｅｌの世界で仕事をしていました。続々とやって来ては「この商品でこれだけの売上を目指したい」と言うクライアントたちに、Ｅｘｃｅｌで計算して分析できる範囲で売上を大きくする方法を指南していたわけです。僕自身がさまざまな通販ベンチャーを経験してもいたので、数値目標やビジョン設定を小利口にこなしていました。

「１００億円売り上げたいんだけど、何を扱えばいい？」「年商30億円までいくには、どうすればいい？」と、クライアントの多くが売上ありきで訪れ、それに対して僕も「では、ダイエット商品しかないですね」「それならシミ対策のオールインワンゲルをやりましょう」と答える。そんな商談が毎日のように続いていたのです。

なかには、「君が山口くんか。儲けさせてくれるんでしょ？」「3年後に50億円目指したいんだけど、いくら用意すればいい？」といった調子で、2時間のミーティングの間、一度も商材の話が出ないクライアントもいれば、「客なんてどうでもいい。定期コースをやめさせなければそれでいいんだ。どうすれば解約されずに済むか、それだけだ」などと言い放つ経営者さえいました。

内心では、こんなビジネスを続けていたら、この事業は到底10年後まで生き残れないのではないか……とうすうす思いながらも、その一方でクライアントの望むままに仕事を続け、コンサル終了後、短期間のうちに売上が低迷してビジネス自体が沈んでいくのを目にしては、「ああ、やはり」という感覚を覚えたりしていました。

目標を達成して数十億円を売り上げ、華々しく話題となったり、マスコミでもてはやされたりする商品もありましたが、それらの商品で今も同じように売れ続けているものは1つもありません。商品とともに消えてしまった会社すらあります。

スター商品が数ヶ月おきに変わる企業もありました。パッと売れた半年後には集客がほぼゼロになり、また新しい主力商品を打ち出してはそのつど、新規顧客を得て、半年後にはまた集客がゼロになる……ということを繰り返すのです。食い下がってニッチな商品を開発して生き残りを図る企業もありますが、長続きはせず、単にビジネスを延命しているにすぎない、というケースもありました。

年商120億円を売り上げて注目されていたA社は、わずか5年で30億円以下に落ち込みました。また、年商130億円だったB社は10億円へ、C社は年商10億円から1億円へと落ちていきました。

そんな光景を繰り返し見ているうちに、派手に打ち上げて一瞬で消える花火のような商品には何の意味もないと、僕は思い知るようになったのです。しかも、それを手掛けたのは自分なのだ、自分は何をしているんだという思いが堆積していくにつれ、目標が達成されてクライアントが大喜びするのを見てもまったく喜べない自分に気づいてしまうのでした。

業界を見渡せば、口先だけで巧みにクライアントを取り込み、実質的には自社の利益を優先させるコンサルも決して珍しい存在ではありませんし、実現不可能な誇張した成功モデルを掲げて営業をかける広告代理店も少なくありませんでした。

そうした業界への違和感と同時に、自分自身も今のままでは、いつまでたっても自分のやりたいビジネスで起業することなどできないと感じて、僕はＥｘｃｅｌだけの世界から飛び出していきました。

chapter 2

3 「単品リピート型通販」の商品企画と開発

花火のように消えてしまった企業や商品に共通しているのは、売上だけが目的であること、すでに売れているものを模倣していることでした。

また、例えば女性のスキンケア商品を販売していても、実は女性の肌の悩みのことなどよくわかっていない男性経営者や社員ばかりという企業も少なくありません。

継続して選ばれる商品は、明確な目的意識がなければ生まれないし、そういう商品を生み出すには、共通の目的意識をもって集まった人材も必要なのです。

変化した仕事へのスタンス

社会には解決されていない問題がたくさんあります。そこに向かわない手はありません。「誰が何に悩んでいるか」を見出し、「どう応えられるか」を考えることが、D2Cビジネスにおける商品企画の本質だと僕は思います。

エレファントの役割は、そういう事業をサポートすることです。意味のあることをしよう、問題の解決に必要なものを世の中に送り出し、求めている人のもとに届けるD2Cを実現しよう、と考えて僕は独立しました。

そして、この独立の少し前に初めての子どもが生まれたことも、仕事へのスタンスが変わるきっかけとなりました。わが子の誕生は、「人のために」という感覚を初めて知った出来事です。仕事は人のためにするもので、社会の役に立たなければ意味がないのだという感覚でした。これを契機に、ものの見方や考え方の質が、自分の中で根本的に変わったのを感じたのです。

きっかけとなったのは「じぶんごと」

解決したい問題は、まず僕の最も身近なところにありました。3歳になったわが子が肌のトラブルで苦しむようになり、皮膚科でアトピー性皮膚炎と診断されたのです。皮膚のトラブルは、一日のうちのさまざまな場面で子どもに不快感や苦痛をもたらします。夜も眠れずに、小さな体で毎日苦しむ姿を見るのは、親としてとても辛いことでした。

その悩みはますます切迫したものとなり、僕たち夫婦は皮膚科に通うことはもちろん、「子どもに優しい」というフレーズが記載されているスキンケア商品を次々と買い求めては試していきました。3日使って効果が得られなければ、また次を探し回るということを2ヶ月ほど続けたにもかかわらず、それでも本当に欲しいものに出合うことができなかったのです。

これはもう、自分で作るしかない。

行動し尽くした後に僕が行きついたのがこれでした。この「じぶんごと」の切実な悩みが、エレファントの通販事業の第一歩となったのです。

世の中には敏感肌に悩む人、アトピー性皮膚炎に苦しむ人が世代を超えて大勢います。デリケートな肌の赤ちゃんにも安心して使えるスキンケア商品を開発できれば、僕たち家族の悩みの解決が、同じ悩みを抱える多くの人にとっても問題解決につながるはずです。

世の中に役立つビジネスは、ロケットやEV車のニューモデルを開発するような大掛かりな事業ばかりではない。石鹸1つからでも社会貢献はできるはず。

自分の悩み、身近な誰かの悩み、住んでいる街が抱える困り事、放置されて光の当たらないままの問題について、まだ誰も行動を起こしていないのであれば、その解決に目を向けない手はありません。

そこから生まれた商品が意味のあるものならば長く支持され、売上は必ずついてくるはずです。ちゃんとお金に結び付いて息の長いビジネスとして成立してこそ、より多くの人に役立つ事業になる。意味のあることを続けていれば、お金は必ず後からついてきます。

社会課題はお金だけで解決できるものではありませんが、継続して支援し続け、問題解決に結び付けていくためには、しっかりとしたビジネスとして成立していなければなりません。要は、社会の役に立つものを作るにはお金が必要なのです。これが、非営利団体などが活動の一部として行っている通販とは異なる点です。

例えば、海外のある国のある村の農園や工房などの産物を購入することで、その村のインフラ整備の費用を一部援助することになるというような活動をしているNPOがあります。商品を買うことによって、売上が社会課題の解決につながるというものですが、これらと僕の考えるD2Cとは次元の異なるものです。

厄介者がもつ大きな「強み」を生かす

世の中に送り出される新商品のうち、うまくいくのは2%にすぎないとされています。成功の確度が高いとされる商品でも、3つに2つは失敗すると言われていますから、決して安易な道ではありません。結果を出すためには、エネルギーを投入して徹底的に考え抜くことも、知識も戦略も必要です。

けれど、レールを外れた「厄介者」となった僕が、ダイレクトマーケティングによって人生の巻き返しを図ることができたように、まだ声を上げていない「厄介者」が「挑戦者」としてD2Cビジネスで自分の生き方を見出してほしいと思うのです。

「厄介者」の強みは、独自のこだわりや独自の視点です。

こだわりのある人ほどエネルギーを投入して考えることができます。新しい価値をもつオリジナルな商品を生み出すのは、そういう独自の視点をもつ人たちです。つまり、「厄介者」こそ通販ビジネスで成功するチャンスがある、と言っていいのではないでしょうか。

理想的とされてきた2ステップマーケティング

今でこそ「初回から定期」が多くなっているものの、もともと通販は2ステップマーケティングが主流でした。57ページの図にあるように「アップセルプログラム」「優良顧客化プログラム」「休眠掘り起こしプログラム」「ブランディング」などを組み合わせた設計になっています。

✷アップセルプログラム

初回をサンプルやトライアル商品でスタートした顧客に、本品購入への移行を促す、あるいは初回から本品を単品購入でスタートした顧客に、定期コースへの移行を促す引き上げ施策です。

本品購入や定期コースへと引き上げることにより、LTV（顧客1人当たりの生涯粗利〈売上〉）の向上を目的として旧来行われてきた施策です。

具体的な流れとしては、初回注文時の電話、商品とともに届ける同梱物（挨拶状、商品説明、パンフレットなど）、商品到着後に送付するDMやアウトバウンドコール（コールセンターからお客様への電話）、引き続き送付するDMやメールなどにより、3ヶ月以内に最低10回は顧客にコンタクトを取るのが基本とされてきました。

なお、本品や定期へのアップセルは初回注文の電話対応時から実施することもあります。例えば、「今回はサンプル品のご注文ですが、今ならサンプル品価格で本品をご購入いただけますが、いかがでしょうか？」といった形で本品への購入促進を行うということです。

✷優良顧客化プログラム

これは、アップセルプログラムで本品や定期の購入に引き上げた顧客を、より頻繁かつ継続的に購入してくれる優良顧客にして売上を増やすために、さまざまな形で啓蒙したり特典を提供したりする施策です。

一般的な施策にポイントシステムがあります。購入金額や購入回数、新たな顧客の紹介などに応じてポイントを付与し、次回以降の購入額からの値引や割引、グッズとの交換などにポイントを利用できるというものです。

ポイントシステムは、商品自体での差別化ができずに価格競争でしのぎを削っていた大手家電量販店等が、価格を下げる代わりに施策として強化し、広まっていきました。通販の世界では規模の大きい総合通販会社やモール型ＥＣサイトなどで取り入れられました。小規模

2ステップマーケティングは理想だが、
時間・手間・コストがかかり、挑戦者の立場には不向き

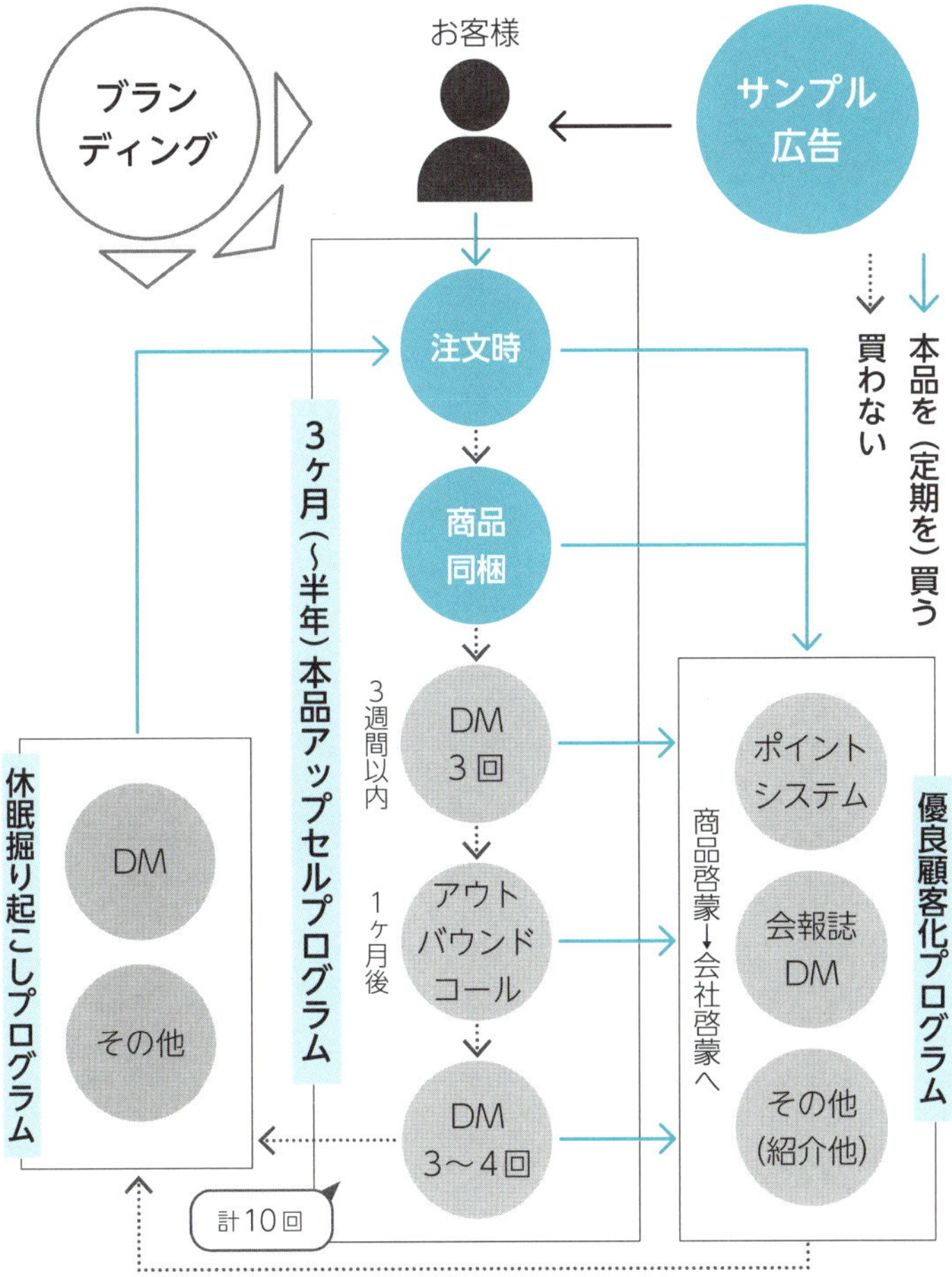

な自社通販の会社にとっては、本来あまり有効ではありませんが、買えば買うほどお得になる特典として、優良顧客化プログラムに生かせるということです。

また、顧客への啓蒙活動として会報誌などを発行し、企業や商品への信頼や愛着を醸成するのも一般的です。会社の紹介、商品開発に携わった社員や工場の生産者、コールセンターのスタッフなどを誌面に登場させ、「作り手の顔が見える」といったイメージで会社への好感度を育てていくのがよく見られる形です。

ただ、僕の個人的な印象では、こうした会報誌の多くは、発行を重ねるごとに誌面が錯綜していく傾向にあると感じます。その理由は、多くの企業が「じぶんごと」の商品開発をしていないからです。語るべき開発ストーリーや商品の使用実感を語る顧客のリアルな体験談がないため、会報誌の独自性を打ち出すことができません。

✷休眠掘り起こしプログラム

効果的な施策を検討していくために顧客の購買行動を分析する手法として、ＲＦＭ分析があります。

最終購入日（Recency）、購入回数（Frequency）、購入金額（Monetary）を指標として、例えば「新規顧客」「安定顧客」「優良顧客」「休眠顧客（または準休眠顧客）」などと顧客をグループ分けし、それぞれに適切なアプローチを検討します。これにより、効率よく売上拡大を図ったり、最新購入日から一定以上経過している顧客、定期コースを離脱した「休眠顧客」に対して、ＤＭやアウトバウンドコール等によって購入再開のきっかけを作ったりしていきます。

＊ブランディング

旧来の通販事業では、紙媒体やテレビＣＭによるブランディング施策が中心でした。

例えば、対象者が中高年女性であれば、女性が１人でテレビを見る昼間の時間帯にはダイレクトレスポンス広告のＣＭを、家族団らんの夜の時間帯には企業の誠実さや品質の良さを語るＣＭを流し、トータルでＣＰＯの良化、継続率の良化を図るといった形です。

２ステップ型は理想だが……

２ステップマーケティングは理想的な形ではありますが、実際に実施できるのは大手メーカーや資金力のある企業等に限られます。仕組みを構築して運営するには、どれほど効率的に行っても、初期費用として最低でも３０００万円は必要になるケースがほとんどだからです。さらに、初期から売上30億円、50億円、100億円以上を目指すようなときには、初期資金として最低2億円は必要になったりします。各プログラムのスタッフやコールセンターの確保、ディレクション、各部署同士の意見調整なども必要になり、費用、時間、手間、すべてにおいて少数運営の「挑戦者」にとっては実現が難しくなります。この通りに取り組んで、資金不足に陥った中小企業も少なくありませんでした。

しかし当時は、通販ビジネスの常識として、初回から定期コースで集客できるとは考えられていないことがほとんどだったため、2ステップマーケティングのノウハウが長く推奨されてきたわけです。

そうした状況を見て、僕は2008年頃、当時勤務していた通販ベンチャーにおいて、初回からの「本品定期通販」を実験的に試みました。そしてこの手法がのちに、通販事業立上げのあり方を大転換させました。「資金が少ない」「1人しかいない」ような弱い立場でも通販事業の立ち上げが可能になったのです。ほぼ同時期に、ごく少数の事業者が全国で「初回から本品を定期コースで販売する」という新たな形でビジネスを展開するようになり、現在ではこれがごく一般的な事業設計となっています。

少数運営なら「定期」を軸にシンプル化

「定期通販」発想の原点は？

小資金、少数運営のエレファントが『ｎｉｃｏせっけん』で通販事業を立ち上げた際の事業設計は、「定期」を軸にシンプル化した形で、広告の段階から本品定期通販でした。

コラム1で述べた通り、原点は２００８年頃の実験的な試みですが、発想のきっかけについて、僕が初回からの定期通販に踏み切ったプロセスを具体的に紹介していきます。

通販ベンチャーのマーケティングリーダーだった僕にとっての当時の課題は、「成果を出すための変数がとにかく多く、コントロールが利きにくく、成果の変動が激しい」ことでした。

例えば、コールセンター。ご注文の方に定期加入をお勧めした場合、オペレーターＡさんは定期加入率30％ですが、Ｂさんは５％だったりします。

同梱物やＤＭ、メールで定期加入をお勧めする施策は量が多いため、社内外問わず多くのスタッフとの調整を必要とします。また、その施策の質にも影響され、結果が変わってきます。ディレクションや意見調整のため朝から晩までずっと会議、なんてことも日常。とにかく何事にも「金」「人」「時間」が必要です。にもかかわらずコストをかけた分だけ成果が上がるわけでもなく、月ごと、週ごと、日ごとの変動がとにかく激しく、疲弊する日々……。

そこで思い立ったのが、「定期をお勧めする必要がなくなればいい」ということでした。つまり「注文する方全員がそもそも定期」であればいい。そうすればDMやアウトバウンドコールで定期をお勧めする必要がありません。人により成果が上下することもなく、定期をお勧めするための費用、時間、会議や調整も必要なくなり、人材も必要最低限にしぼり込めます。

しかし、初回から定期で本当に買うのか？　買うとしてもCPOが悪化するのは目に見えています。であれば、CPOをいくらに抑えたらいいのか？

収支のシミュレーションのためにExcelとにらめっこを続けていたところ、どうもCPO8000円までに抑えれば、むしろこのやり方のほうが利益が持続しやすいと気づきました。当時の「定期じゃなくてOK」の売り方メインのときの採算ラインはCPO4000

少数運営なら「定期」を軸にシンプル化

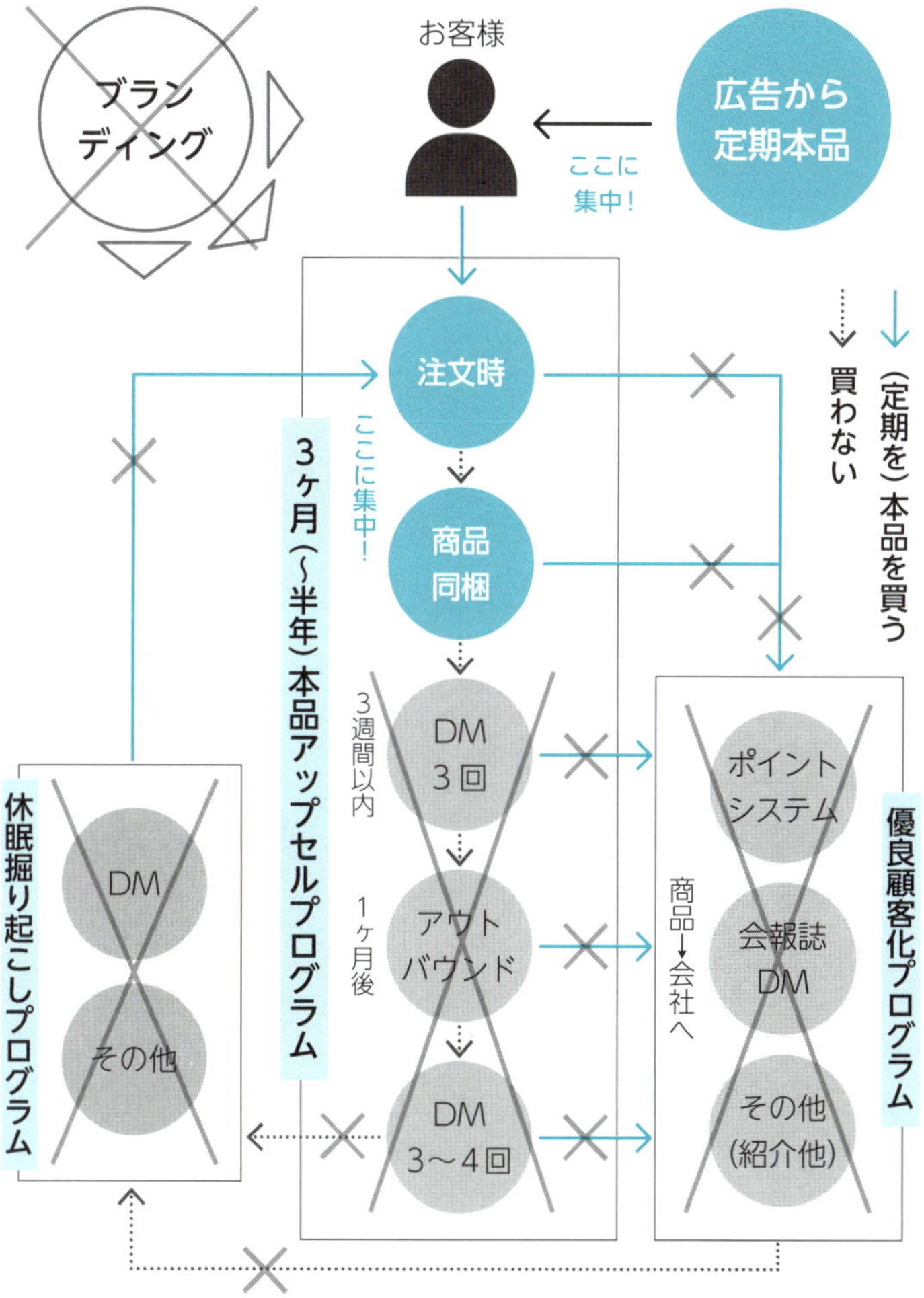

円ですから、「初回から定期」にして注文率が悪化したとしても半減までにとどめられればいい。この計算をしっかりできたことが新しい試みに踏み切れるきっかけとなりました。

ところが周りを説得するのが大変でした。今までCPO4000円なら「いいね」となっていたのが、CPO8000円になって本当にいいのか？　そこまで深く計算していない現場のスタッフや上司にとっては、それが本当に正しい手法なのか判断がつかないわけです。やっぱり、表面的にはCPO4000円のほうが良さそう、CPO8000円では悪そう、というわけです。

Excelを共有しながら説得しても今ひとつわかってもらえない……そんな日々でしたが、結局は実績でした。実績が積み重なってくると、「あぁ、これでいいんだ」と納得感が何となく社内に広がっていきます。そうやって「定期通販」に舵を切っていきました。

できないこと・不要なことを見きわめてシンプル化

この経験から、エレファントの通販事業立ち上げの際も「広告の段階から本品定期購入」

を軸にシンプルな事業設計でスタートしました。小資金・少人数で立ち上げるなら、本品定期購入を軸にシンプルな設計で運営しましょう。「定期購入でOK」というお客様だけ新規集客すればいいので、広告に集中できます。

ただし、自力で運営していくことを前提にするなら、広告について学び続け、絶えず知識のアップデートに努めることが不可欠です。

初回から定期購入であれば、商品の同梱物もシンプル化できます。重要なのは、きちんとした商品説明と開発動機を顧客にしっかり伝えることなので、極端に言えば、PCで作成した挨拶状でも手描きの書面1枚だけでもいいのです。必ずしもきれいなパンフレットは必要ありません。

「優良顧客化」「休眠掘り起こし」は、将来的に何らかの対策を検討する必要はありますが、立ち上げ当初から数年間は不要な施策です。また、商品自体に力があれば、「ブランディング」は基本的に不要と考えました。僕自身の経験上、まじめに「じぶんごと」の商品開発をし、本物の開発ストーリーとリアルな体験談があれば、商品への信頼はおのずと生まれるという確信があります。

「ブランド」とは形ではなく、顧客の成功体験の数と質が積み重なることで生まれるものと考えています。その商品を使って顧客が得られる成功体験こそすべて。つまり商品が顧客にとって良いものかどうか、です。

定期購入を軸にシンプル化することで、初期資金は50万円からでも、多く見積もっても300万円程度からでも立ち上げが可能です。社会情勢の変化で今は厳しい時代ではありますが、それでも初期資金1000万円以下で始められるビジネスだと考えます。

新しい通販の形として「初回から本品定期購入」を始めた当時は、通販業界の常識を覆す方法だったため、「いきなり定期購入を勧めるのは失礼だ」「成立するはずがない」と、勤務していた通販企業内外からずいぶん非難されたものでした。しかし、ごく少数ではありましたが他の事業者もほぼ同時期に「初回から定期購入」に取り組んで成果を出していくうちに、やがてこの形式が徐々に広がっていきました。今では、あれほど非難していた古巣の企業や知り合い、元上司、元同僚や大手企業も「初回から本品定期購入」を実施しています。

column 3　何を指標にしていくのか

収支構造は「1・5・2・2」

収支構造は、次のように「1・5・2・2」を指標として考えましょう。

- 商品原価＝10％　ロット3万程度での発注時
- 広告販促＝50％（広告45％　販促2％　PR3％）
- その他コスト＝20％（決済手数料3％　発送費8％　コールセンター費用4％　人件費5％）

◎営業利益＝20％

商品原価は、20％以下まで抑えるように

収支構造は「1・5・2・2」

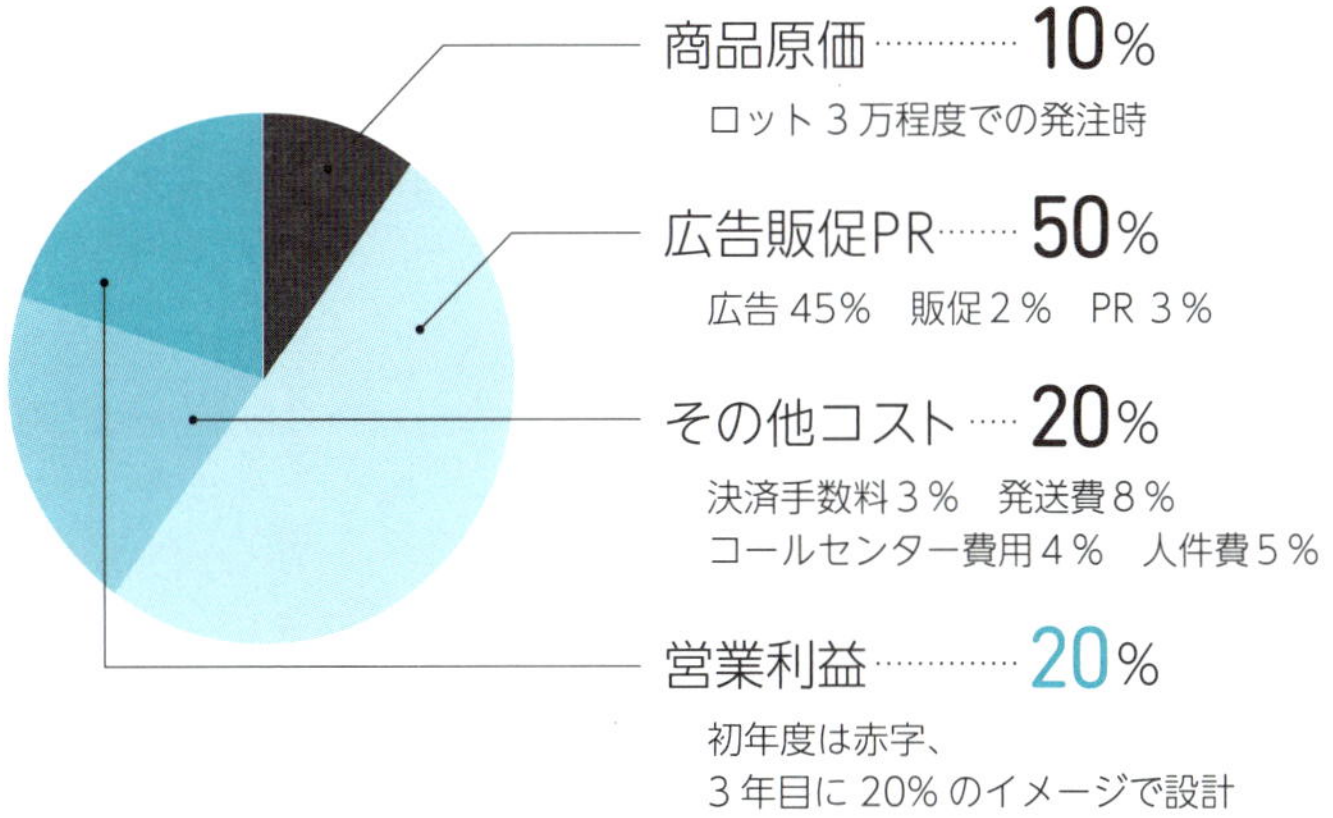

心がけましょう。そのためにも付加価値の高いコンセプトである必要があります。ただし効果のために30％程度などどうしても高くならざるを得ないケースもあります。

広告費の内訳は、集客を目的とする広告に45％、既存のお客様に対する販促として商品同梱物やDMなどに2％、そしてエレファントの場合は、PR施策に3％となっています。

その他重要な指標は「CPO」「LTV」

①CPO（CPA）＝新規注文（反応）1件当たりの広告費

②LTV＝顧客1人当たりの生涯粗利（売上）※「購入単価×購入回数」に分解できる

事業全体の数値構造の大もとですが、1人当たりで見たときの指標は、通販に限らずどんなビジネスでも基本はCPO（CPA）とLTVです。スタートアップのベンチャーキャピタルなどが投資するときの指標の1つにもなってくるもので、全部切り詰めると、最初の獲得コストと、その人からどれだけ売上（粗利）があるのかの2つしかないということです。

CPOは単純に1件当たりの広告費で、10万円かけて10人集客できたら、10万円÷10人で1万円。1万円かけて集客した顧客が、5000円単価の商品を4回買えば、2万円の売上になります。この場合、1人当たり1万円で集客して2万円の売上になるという計算です。

本来、LTVは粗利を指しますが、通販の場合は商品原価、発送コスト、決済手数料、人件費が会社によって異なるため、確実に比較できるのが売上の数字になります。そのため、LTVを便宜上、粗利ではなく売上で見ることが多いです。

売上を購入単価と購入回数で5000円×4回=2万円と分解、あるいは回数の部分を継続率で分解します。

その他重要な指標は「CPO」「LTV」

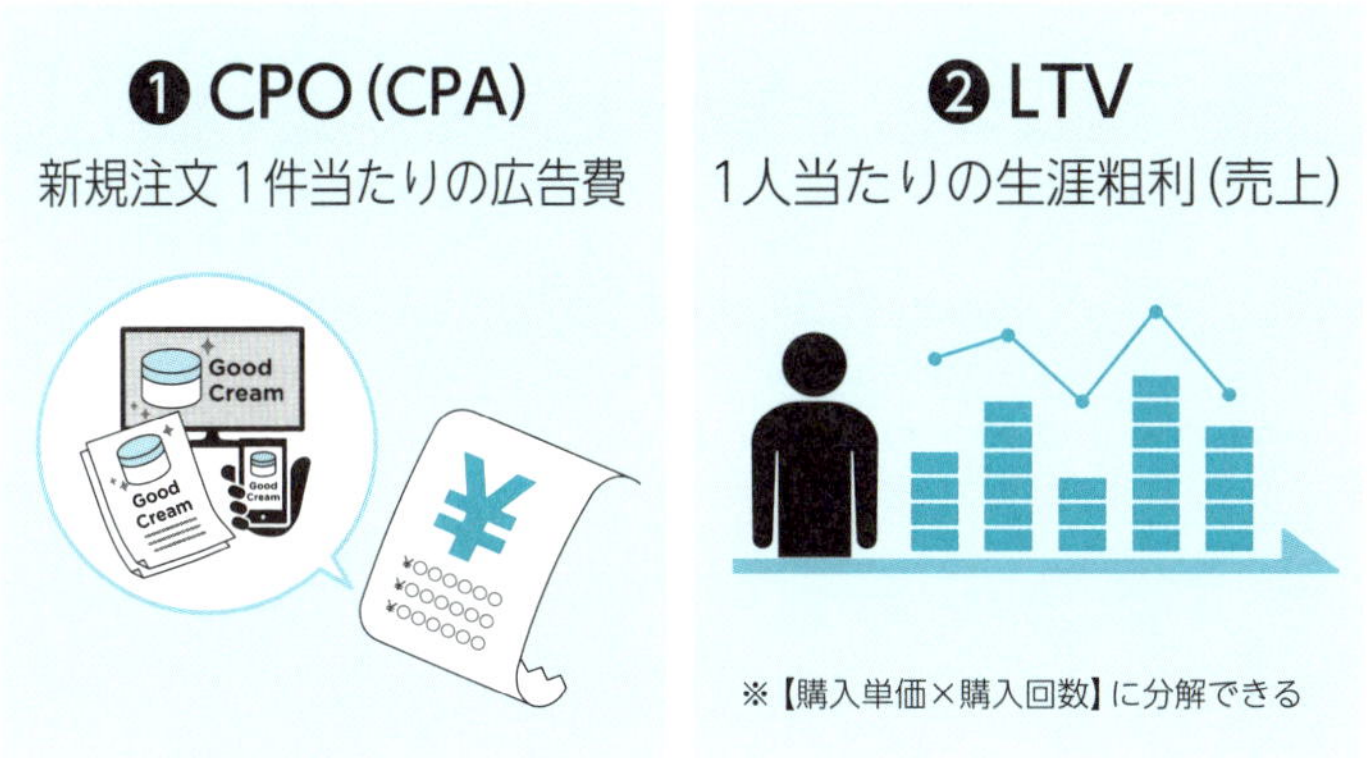

挑戦者のための「必要かつ健全なD2C」の鉄則

最後に、厄介者が「挑戦者」としてD2Cで巻き返しを図ろうと考えるときに、絶対に避けてほしいことと、必ず目指してほしいことを紹介しておきます。

絶対に避けてほしいこと

✖売れた商品の模倣と見せかけの差別化

弱い立場から通販事業に参入して、何かを作って社会に送り出すというのは、確かに並大抵のことではありませんが、模倣と表面的な差別化は絶対に避けてほしいことです。

✖業界を股にかけた「詐欺的ビジネス」

自分たちがどれだけ儲けるかしか考えていないのに、さも相手のことを考えているかのように「これ100%成功します!」などと平気で言える代理店、あるいは実際に自分で手がけたことがないにもかかわらず通販に精通していると主張する人など、残念ながら、ある種の「詐欺的ビジネス」で業界を泳ぐ人が多いのも確かです。

そうした「詐欺的ビジネス」には決して関わらないでください。まして自身がそうしたビジネスには手を染めないことです。

✖ 縛りや解約金などの強引な手法

回数縛りや解約金などについては、事業段階によっては実施せざるを得ないタイミングもあるのが実情ですが、社会的にはこうしたことを善しとしない方向にあります。これからの事業においては、これを実施せずに済むような事業設計をしていくべきだと考えます。

必ず目指してほしいこと

◎ 求められてはいるが不足しているジャンルへの必要な商品開発

切実に解決策を必要としている人がいるにもかかわらず、社会的に顧みられていない課題はたくさんあります。本当に求められるものを新たに作り出し、世の中に役立つビジネスにこそ挑戦してほしいです。

◎自力による、正直で本物かつ素直で誠実な集客とCRM（顧客関係管理）を

ごまかしの多い通販会社も多数ある中で、本物を目指すことこそ自分たちの強みだと僕自身は考えています。そして、これから取り組もうとする挑戦者たちにもそれを目指してほしいです。

◎社会への意識をもつ

社会とのつながりを意識して仕事に取り組みましょう。「社会の役に立ちたい」「貢献したい」「そのために良いものを作りたい」という意識をもつことが、しっかりとしたビジネスを行っていく礎《いしずえ》となります。

ボランティアでもなくNPOでもなく、ビジネスによって、お金と物をきちんと社会に循環させることで、困っている人に必要なものがちゃんと届く、ということを可能にするのがD2Cだと僕は思っています。

しかも、弱い立場からもその循環に参加し、貢献できるのがD2Cです。僕は、D2Cの挑戦者をサポートし、世の中に増やしていきたいという思いでエレファントのコンサル事業を立ち上げました。

弱い立場でスタートするからこそ、テーマはストレートなほうがいいのです。世の中の、ある1つの課題解決に直接関わる商品やサービスで勝負するのがいいと考えます。

世の中に役立つことを続けていれば、お金は必ずついてきます。

いかに売上の数字を伸ばすかではなく、いかに継続的に良い商品なりサービスなりを提供していけるか、それが社会にどう役立つかを意識していることが大切なのです。

第3章

実例でわかる商品開発『nicoせっけん』ができるまで

chapter 3

1

長く売れる商品開発に必要なこと

僕は通販業界に飛び込んだ当初から、主に化粧品、医薬品、健康食品に関わってきました。ここからは、そんな僕自身の実体験と、エレファントにおけるコンサルティング事業の経験、それに基づいて立ち上げた自社のこどもスキンケアブランド『ｎｉｃｏ』の商品開発について具体的にお伝えしていきます。

「じぶんごと」商品の開発こそ、長期の利益を生む

僕は「挑戦者」の立場からＤ２Ｃ通販事業に取り組もうとする人たちをコンサルとして応援し、その立ち上げに関わり続けながら、自分自身の通販事業への挑戦を始め

ました。

資金力も知名度もない挑戦者が、売上と利益を長期的に継続させるには「じぶんごと」商品しかありません。

もし、すでに売れている商品を模倣して追いかけるならば、例えば、先に参入している100社と競合する世界に入っていくことになります。そうなると、100社とともに延々と差別化合戦を続けた挙げ句、いずれは疲弊していくだけです。資金力や技術力のある企業には勝てません。「じぶんごと」で「他にない」商品の開発こそが、長期の利益を生むことにつながります。

エレファントへのコンサルティング依頼の中にも、「うまく当たる商品はありませんか?」「成功事例を教えてほしい」というケースはたくさんあります。むしろそういったケースばかりです。そういうクライアントに対しては、「だから、その考え方がダメなんですよ」と、僕は最初にはっきり伝えます。

例えば女性用の化粧品の場合、ヘアケアからスキンケア、ボディケアまで、市場規模がはっきりしているジャンルというのはそれほど多くありません。肌の悩みなら、シミ、しわ……と挙げていっても、悩みの数はある程度、限られていますから、マトリクス化もすぐにできてしまう。ですから、成功事例を見て、「これは当たる商材だ」と追いかけることになるのです。

しかし、「売れている商品の差別化」は、戦略としては簡単ですが、限界はすぐにやってきます。

成功したいくつものケースを模倣して工夫を加え、少し差別化を図ったとしても、新規参入しようとしている他社も同じタイミングで同じことを考えています。先行して参入しているライバルたちも同様です。

悩みに応える商品を提供する事業者が1社しかなければ、必ず選んでもらえるかもしれませんが、100社が商品を提供していれば、女性は自分に合う商品と出合うまで短期間に次々とさまざまな商品を試していくので、各社の「分け前」は減ってしまいます。つまり、CPO（新規注文1件当たりの広告費）は上がり、LTV（顧客1人当たりの生涯粗利〈売上〉）は下がる、というわけです。

そこで勝つために各社が始めるのが、「初回価格を下げる」「継続価格を下げる」という対策なのですが、当然、採算は悪化していきます。しかし、どんどんマネーゲーム化していく価格競争に耐え得るのは、資金力のある事業者だけです。耐えきれない事業者は撤退するほかありません。成功事例を見て、「これは当たる」と夢見ながら、このサイクルの中に次々と入っていく事業者が今なお後を絶ちません。

エレファントが応援しているクライアントの中で長期的に通販事業を続けているのは、この意味を理解して取り組んでいった会社だけです。

商品企画の原点が「じぶんごと」であれば、顧客が求めているものを顧客の視点から考え、痒《かゆ》いところに手が届く商品を作ることができます。顧客から「お金を払うだけの価値がある」と認めてもらえる商品の開発につながるのです。「じぶんごと」からスタートした商品だからこそ、独自性のある集客やCRM（顧客関係管理）を構築し、実現することができるのです。

「売れている商品の差別化」戦略は簡単だが、限界がある

前例がない企画は上司から「本当に売れるの？」

↓

成功事例を集めて、模倣してちょっと差別化

↓

その頃みんな同じことをしている

↓

分け前が減り CPOは上がる↗ LTVは下がる↘

↓

勝つために初回価格を下げる↘ 継続価格を下げる↘

↓

採算が悪化する

↓

マネーゲーム化　耐えられなかったら…

↓

撤退する

「PFS（3つの課題）」から開発テーマを作る

では、「じぶんごと」商品とは何か？

「じぶんごと」といっても、いったい何をどう振り返ればいいのか？

どうやって具体的な商品にたどりつけばいいのか？

これについてしっかり悩み、とことん考え、突き詰めることにちゃんとエネルギーを投入し、開発動機をもって取り組むことが最も重要です。これを発見していくためのフレームワークとして僕が提唱したいのが、「PFS（3つの課題）」です。

P（Personal issue）＝じぶんの課題

F（Family issue）＝家族の課題（ペットを含む）

S（Social issue）＝社会の課題

エレファントが得意とする化粧品、医薬品、健康食品に特化して考えるなら、ポイントは「カラダ」と「こころ」です。

最初に手掛けた敏感肌用ベビーせっけん『ｎｉｃｏせっけん』はもちろんのこと、腎臓の弱った猫にも安心なおやつ『ｎｅｃｏ‐ｒｉ（ねこり）』も、その開発動機は、僕たち家族の悩み（課題）でした。

『ｎｉｃｏせっけん』は、まだ3歳だった娘が皮膚科でアトピーと診断されたことをきっかけに開発した商品です。皮膚科で処方されたステロイド剤で一時的に良くなりますが、またじきに肌荒れが起こり、またステロイド剤を塗る……その繰り返しでした。この先いつまで薬を使い続けることになるのだろうか、それが成長するにつれて何らかの問題にならないだろうか……という不安や焦りが募るのも辛いことでした。課題が、「カラダ」にも「こころ」にも関わるわけです。

自分や大切な家族や大切な誰か、大切なペットのためという「じぶんごと」でなければ、悩みや困り事の細かい点まで理解することも、当事者にとって本当に必要なものは何なのかを考え抜くこともできません。さらに、悩みの解決を体感できる商品の開発にもつなげることはできません。

PFSマトリクス

	Personal issue じぶんの課題	Family issue 家族・ペットの課題	Social issue 社会の課題※
こころ	・仕事のプレッシャー、ストレス	・家族の心理的ストレス	・心の病の増加 ・子どもの発達障害の増加
カラダ	・過敏性腸症候群（IBS）	・子どものアトピー ・猫の腎不全、ぼうこう炎	・新型コロナ ・心筋梗塞（心不全）
その他	・事業の安定 ・家族の生活の安定	・子どもの学校、教育	・少子化 ・日本経済の相対的な弱体化 ・ひとり親世帯の貧困化

※社会の課題は、「じぶん」の関心が高いものをピックアップ
（しかし、優先的に取り組むのは「じぶん」か「家族」の課題）

売れているものを模倣することに意味がなく、実感のない「他人ごと」の商品企画にオリジナリティがない理由は、ここにあります。

これを踏まえて、P＝じぶんの課題、F＝家族の課題、S＝社会の課題と、それに関わる「カラダ」の部位（肌、頭皮、髪、胃腸、ひざなど）と、「こころ」にかかる負担も網羅してマトリクス化すると、商品企画に向けて考えを整理し、構築していくことができます。

シートを埋めていく作業によって、自分の興味、関心、開発動機がどこに位置しているのかが明確になり、取り組みたいテーマを仮説的に決めることができます。

採算性を「WDC（広さ×深さ×競合数）」で確認

仮説的にテーマを見出し、これに取り組みたいという要素がいくつか出てきたら、では実際にどれだけの市場があるのかを知る必要があります。

エレファントではコンサル事業のクライアントに対しても自社の商品企画についても、必ず採算性を「ＷＤＣ（広さ×深さ×競合数）」で確認しています。

Ｗ（Width）＝市場は広いか？

Ｄ（Depth）＝悩みは深いか？

Ｃ（Competitor）＝競合は少ないか？

Ｗ＝市場は広いか？

Ｗ（市場の広さ）を確認する基準は、キーワード検索数の多さ、つまり、「あるテーマに関心をもつ人がどれだけいるか」です。

Ｇｏｏｇｌｅ広告のキーワードプランナーを利用して月間検索ボリュームを調べます。これが5万回以上でなければ10億円を目指すことのできるビジネスにはならないというのが、僕の経験上の実感です。

「ダイエット」をキーワードに調べると、検索結果は26万６０００回。これならうまくいけば30億円から100億円を目指すことができるかもしれません。

しかし、「しわ」で調べると、検索結果は1万4800回と、グンと少なくなります。この場合は別の複数の悩みと組み合わせなければ10億円規模のビジネスにすることはできません。


ですが、これについては一方で、資金の少ない弱い立場から挑戦者として通販事業に入っていくなら、規模が大きいだけに玉石混淆の状態にある市場で他社との差別化合戦に巻き込まれるより、規模の小さな市場を選ぶことが戦略になります。「W＝市場は広いか？」は、「W＝市場の規模を知る」と言い換えてもいいかもしれません。

ここで、エレファントの商品の1つであり、一定の支持を得ている『neco-ri』についてふれておきたいと思います。

『neco-ri』は、病気で弱ってしまった猫でも喜んで食べてくれるおやつです。開発のきっかけは、わが家の愛猫が「急性ぼうこう炎」「初期の腎不全」と診断されたことでした。

WDCポジショニングマップ

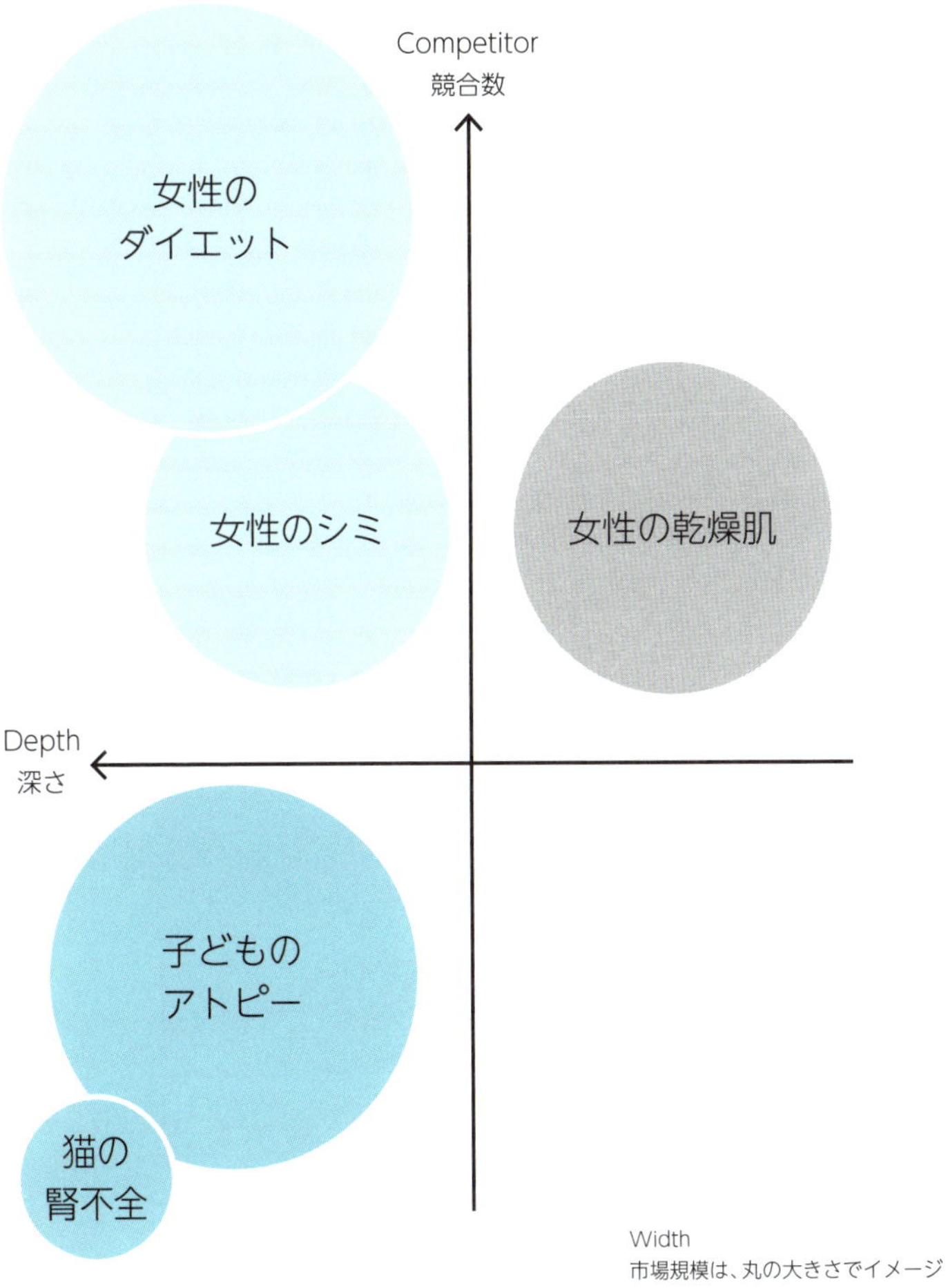

今、キーワードを「猫」「腎不全」として調べると、検索数は4400回と非常に少なくなります。現在、『neco-ri』の売上は、1億5000万円となっていますから、小さな市場において長く売れ続け、小規模なビジネスとして成立している商品ということになります。

C＝競合は少ないか？

さて、市場の規模と同時に知っておく必要があるのは「競合性」です。同じくGoogle広告のキーワードプランナーを利用します。

例えばキーワード「しわ」で見てみると、競合性として「中」が表示されますが、これはそれなりに競合が多いので、やりにくいレベルにあることを意味します。

また、「ページ上部に掲載された広告」の項目が73円から321円と幅のある金額で表示されているのは、大雑把に言うなら、クリック単価を300円程度は出さなければ表示されない可能性がある、ということです。目安としては100円でCPOが1万円となるので、300円ではCPOが3万円です。これではビジネスとして成立

市場の広さや競合性はGoogleキーワードプランナーも参考に

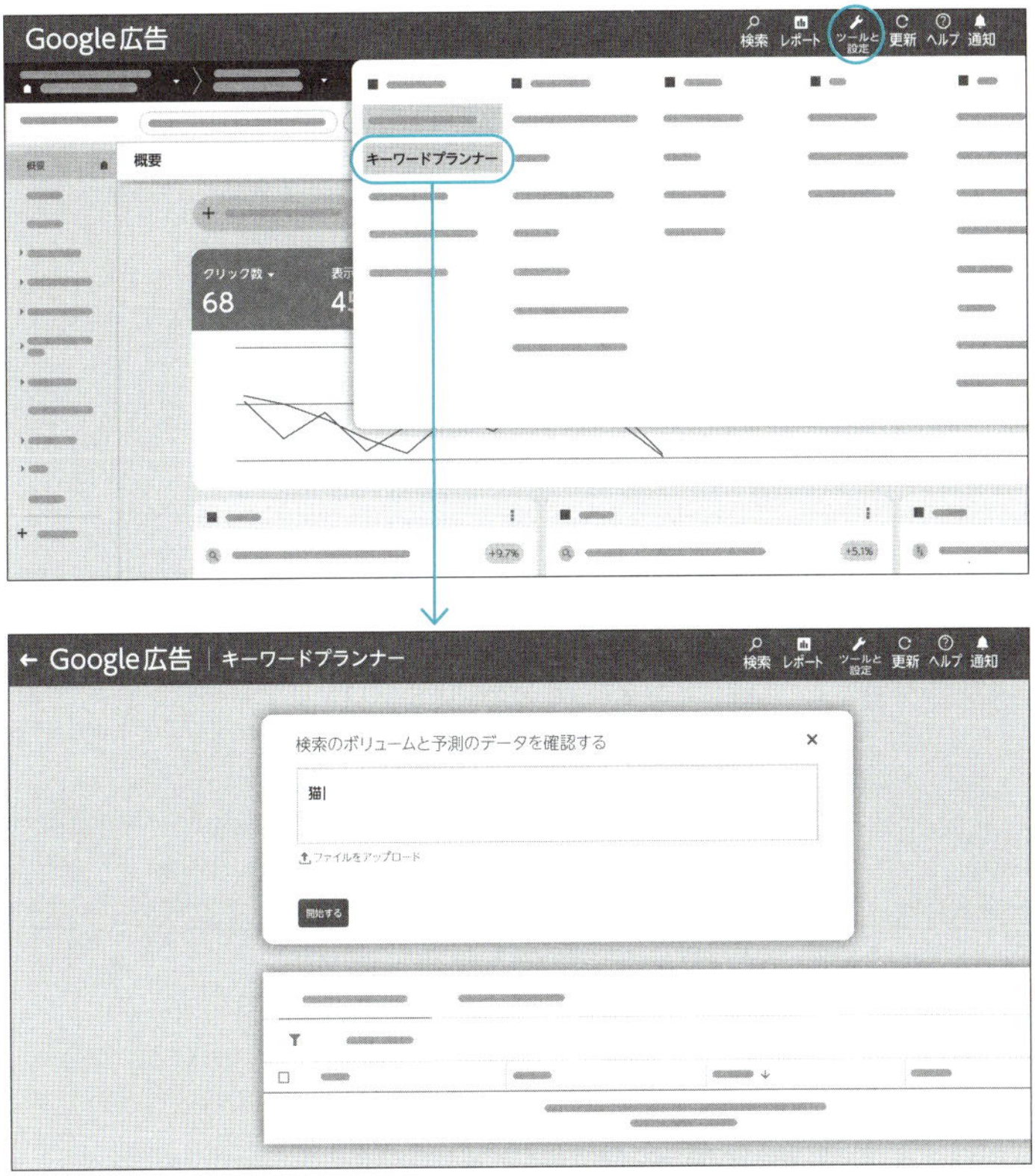

Web広告の出稿量を調べる有料ツールもある
（インフルエンサーPRも）

しません。「しわ」の悩みをテーマとする商品は、少なくともＧｏｏｇｌｅリスティング広告ではなかなか難しいというのが明白です。

特に、エレファントが支援しているような弱い立場の会社が、何としても下剋上しようとＤ２Ｃに挑戦するときに、単純に「しわ」訴求の商品を扱うのは得策ではないと言えます。

Ｄ＝悩みは深いか？

Ｄ（悩みの深さ）について簡単に説明することはなかなか難しいのですが、これを確認するわかりやすい基準は商品価格であると考えます。

例えば、ある特定のテーマに関わるキーワードで検索すると、既存品が価格と販売元とともにリストアップされます。

当然、列挙された既存品が少なければ、悩みに応える製品が少ないということになります。

さらに、それらの中でも一定レベルの信頼できる企業がしっかり販売促進を行い、継続的に売れている商品をしぼり込んで、その価格に注目します。仮に価格が月額にして1万円だとしたら、これは毎月1万円支払ってでも欲しいというほど当事者の悩みが深いということで、判断基準の1つになるわけです。

ところが、例えば「肌」「乾燥」をテーマにした場合、膨大な数の商品がリストアップされます。ドラッグストアや格安雑貨店などの店頭を見てもわかるように、高くても2000円、安ければ1000円以下のバラエティ豊富な商品によって市場はもう十分に満たされており、すでに大手企業同士が価格競争ゲームを展開しています。そこに参入しても、勝てるわけがありません。D2Cではビジネスとして成立しないのは明確です。

これが、ある特定の悩みのための商品だとして、価格1万円でも継続して売れ続けているならば、購入者の悩みは比較的深く切実であるとわかります。また、この悩みに関連するキーワードで1ヶ月当たりの検索数を調べて、仮に数万回以上の結果が得られたならば、D2Cとして成り立つ可能性が大きい分野だと判断できます。

しかし、ここから先が難しいところです。ビジネスとして成り立つ可能性が大きいジャンルだとしても、それを悩みとしてもつ当事者、つまり商品を利用している人々が月1万円の商品に十分に満足しているなら、新たに商品開発をする意味はありません。知名度があり、資金力も技術力もある企業には可能なことかもしれませんが、僕たちのような立場では勝ち目がありません。

「フラストレーション」の解決で独自化する

僕自身の経験から言えるのは、自分や大切な家族、身近な人のための企画であれば、当事者の気持ち、当事者の生活、経済的な状況、商品を使い続けて何を感じているのかなどをきめ細かく知ることができ、企画はおのずと痒いところに手が届く内容となります。これが、独自性のある商品を開発することにつながるのです。

そもそも、その悩みを抱えていると、生活にはどんな不便があるのか、商品には本当に満足しているのかなど、まずは「何にフラストレーションを感じるか」を徹底し

D2Cの商品にはどういう特徴があるのか？

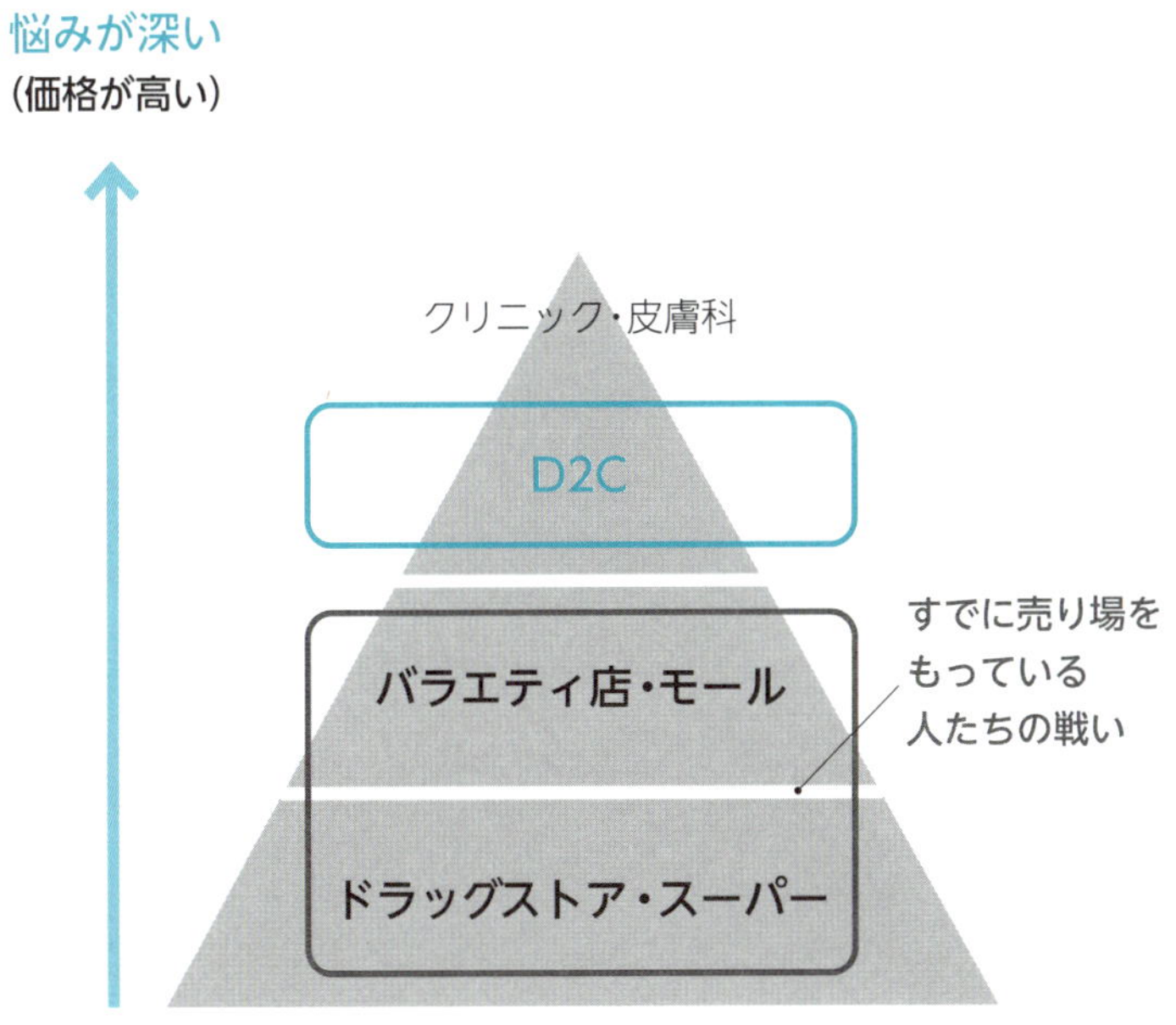

無名のため売り場をつど「金」で強引に作る(広告)

→CPO (CPA) コスト (場所代) が高い
→高LTV(高単価、高リピート率)→悩みの深い商品て具体的に洗い出すことが必要です。

良い病院がない、時間がない、薬は使いたくない、従来品や薬が効かない、価格が高いなど、どんなことに不満、不安、いら立ちを覚えるのかを細かく掘り下げていき、そのうえで「どうすれば解決できそうか」のアイデアを出していくことができるのです。


良い病院がない、または定期的に通院して治療に取り組む時間がない、ということが課題なら、例えば毎朝サプリメントを1つ飲むだけで解決できないか？　というアイデアが浮かびます。

あるいは、1万円という商品の価格が高すぎることが課題かもしれない。特に若い人にとって月額1万円という価格はどうでしょうか？　僕の感覚では、せめて5000円、できれば3000円程度なら……と考えます。品質を一定に保ったうえで、より安く提供できる解決方法はないかを探るのです。

商品が「効かない」といら立っている、商品の成分に不安がある、このまま何年も使い続けたくないなど、フラストレーションを挙げていくこと自体が解決のアイデアにつながっていきます。

「じぶんごと」としてフラストレーション（課題）が特定できていると、アイデア（解決策）は自然に出てきます。課題と解決策は、常にリンクしているからです。他に真似されることのない独自の商品コンセプトは、そこから生まれます。

chapter 3

2

こどもスキンケアブランド『nico』ができるまで

ここから、エレファントで作った『nicoせっけん』の企画から製品化までを例としてお話しします。

娘のアトピー性皮膚炎という悩みを抱えた僕たち夫婦の不安と不満は、次のようなものでした。

●皮膚科から処方されたステロイド剤を使い続けて、どうなるのだろうか？　娘はこの先何年、薬を使い続けることになるのだろうか？　＝不安

●皮膚科から薬や保湿剤は処方されても、日常的なスキンケアとして必要な石鹸は処方してもらえない。　＝不満

●自分たちで市販の石鹸を探し回り、あらゆる商品を試してみても娘の肌に合うものが見つからない。　＝焦り・いら立ち

さらに、商品が皮膚にとってリスクの低いアイテムであることも重要でした。お客様にとって、リスクが高い商品は買いづらいものです。経験上、肌荒れを起こしやすいクリームやローション、オイルではなく、「洗い流す」ことができるものだという点で石鹸はポイントが高いと考えました。そこで、子どもの肌の保湿を補うベビー石鹸の開発が決まりました。

ちなみに、例えば化粧水や乳液などについて言えば、無名の商品にはリスクを感じるので、使い慣れた商品から替えることがなかなか難しいアイテムです。そのためショッ

対象者の利用商品・サービスの価格帯と不満を確かめる

例 子どものアトピーの場合

不満や不安

・ステロイドを使い続けて、どうなるのか？
・保湿剤や薬は処方してもらえるが、
　石鹸は処方してもらえない
・探しても合うものがなかった

価格帯

・皮膚科は自己負担なし（各市区町村により異なる）
・市販の保湿剤は 3000 ～ 5000 円ほど

例 猫の腎不全の場合

不満や不安

・療法食を食べてほしくても食べてくれない
・カラダに悪そうなおやつはガツガツ食べる
・工夫をしても水を飲んでくれない

価格帯

・水素水で月１万円など

プの棚は老舗ブランドの商品で占められ、新規参入は難しいと言えます。そして女性のスキンケアのジャンルで、名前を聞いたこともない新しい会社の製品が伸びてくるのは洗顔系が多いのです。

安心して使うことができるように、『ｎｉｃｏせっけん』には石油系成分、合成界面活性剤、鉱物油、合成香料、合成着色料、防腐剤を一切使用せず、肌を保湿し汚れを落とす働きのある6種の天然成分を配合しました。その1つとして、保湿をサポートするビタミンEをアルガンオイルの1・6倍含む、ウチワサボテンオイルを選択したのです。

ただ、流通量が多いため比較的安く入手できるアルガンオイルに対して、ウチワサボテンオイルは極端に流通量が少ないので、価格設定を考えると多少の迷いはありました。しかし、保湿力の高さもさることながら、「他ではまだ採用されていない成分」を入れたほうが商品としての魅力が高まると判断し、ウチワサボテンオイルを使うことを決めたのです。

新規参入プレイヤーの戦略としても、すでに知られたアルガンオイルではつまらないですし、また、商品の対象者にとっても、今まで経験していないウチワサボテンオイルという成分への「期待感」が生まれます。「この石鹸で何が起こるのか」という期待感です。

ここで重要なのは、手に取る人にとってはよく知っているものではあるけれど、組み合わせに意外性があって新鮮、という点です。

「サボテン」という植物も、「アトピー」「敏感肌」もよく知られています。けれど、「アトピー」「敏感肌」と「サボテン」の組み合わせはあまり知られていないものです。「この組み合わせは初めて見た！」がお客様に好まれるのです。これが商品の大きな魅力となるわけです。全然知らない、聞いたこともない成分に効果があると言われても、説明が難しくなってしまい魅力的には映りません。

このように、成分の1つとしてウチワサボテンオイルを配合したことには、その保湿力の高さだけでなく、「知られているもの」×「知られているもの」なのに意外な組み合わせに対する期待感を狙った戦略的な側面もありました。

また、天然成分を損なうことなく生かすためにはコールドプロセスという手間と時間のかかる手法で製造する必要があり、商品は液状ではなく固形石鹸という形に着地しました。

販売の決め手となったのは「体感」

企画から半年ほど、サンプルを作っては試すことを繰り返しました。

最終的に行き着いたサンプルを使ってみると、その使用感に驚きました。体を洗うときにいつも沁みると泣いていた娘がまったく泣かなかったのです。これは僕たちにとってすごく大きいことでした。また、通常、保湿力の高い石鹸は洗い心地がぬるぬるしがちなのですが、この石鹸はさっぱりしているのに皮膚が突っ張る感じがなかったのです。薄く膜がはられたような独特な感覚があり、子どもの肌に触れると、しっとり吸い付くような感触で、他のボディソープや石鹸を使ったときとはまったく違うものでした。

絶え間なく続いていた皮膚の悩みに苦しんだ娘。家族全体の問題であったことが、解決したのです。実際にそれ以来、家族全員でほぼ毎日『ｎｉｃｏせっけん』を使っています。

この「体感」こそが販売に踏み切る大きな要因でした。それからさらに半年後、製品としての販売を始めたのです。

chapter 3

3 「1個も売れない」が売れる商品に変わった理由

こうして自信をもって販売を始めた『ｎｉｃｏせっけん』だったのですが、実は発売後1年間はまったく売れませんでした。

周りから「なんか野暮《やぼ》ったいし、微妙じゃやない？」なんて声も聞かれ、散々だったのです。

　しかし、1年後に本腰を入れて販売を強化すると、少しずつ売れていきました。救われたのは顧客の継続率が非常に高かったことです。2個セット、定期コース、単価が高めというハードルがあるにもかかわらず、83〜85%の方が続けてくださったことは驚きでした。

インフルエンサーが流れを作った！

　そしてさらに大きく流れが変わったのが、実際に子どものアトピーで悩んでいた何人かのインフルエンサーさんによる投稿でした。『n・i・c・oせっけん』を非常に気に入ってくれて、繰り返し紹介してくれたのです。おかげで以後、それがどんどん拡散されていき、なんと月間約300人のインフルエンサーが投稿してくれるまでになったのです。まさに「じぶんごと」で企画された「体感」のある商品だからこその結果と感じました。

商品の成否を決める「3C」

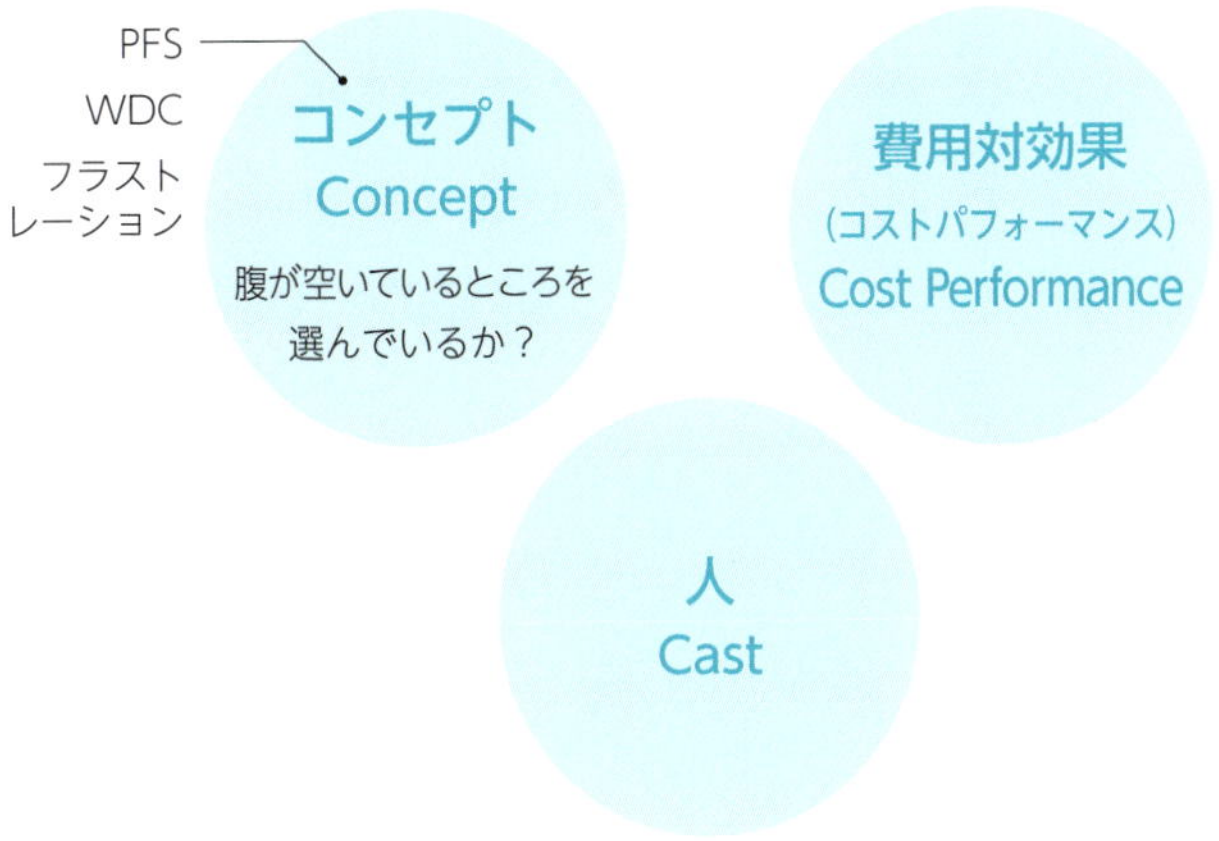

「じぶんごと」で企画すれば、おのずと「C（Concept＝コンセプト）」「R（Result＝効果実感）」「P（Price＝価格）」に独自性のある商品を生み出すことができます。

とりわけ、他にはない体感は「拡散」を起こす力をもちます。

6つの指標をKPIとして改善点を見出す

シミュレーションで予算と実績の比較から課題を見出す

事業が成立してからの課題の洗い出しは、シミュレーションした予算に対して実際の売上やコストはどうだったのか、常に予算と実績を比較して分析することから始まります。「新規」と「継続」に分けて予算と実績を細分化した結果を月1回確認し、要は予算達成できたかどうかをチェックしていきます。

では、チェックすべき主要なポイントは何か。それらをまとめたのが左の図です。

主な指標となるのは、CPO、新規件数、継続率、単価、間隔、費用（コスト）の6つ。「売上」を購入者数と購入金額で分析し、さらにCPO、新規件数、回数別の継続率、新規単価と継続単価、間隔で分析します。また、売上に占める費用をチェックします。

間隔とは、顧客の購入間隔のことです。毎月コースの顧客は年12回購入するわけですが、2ヶ月コースの顧客は年6回しか購入しません。購入単価が変わらなければ売上は半減する

6つの指標

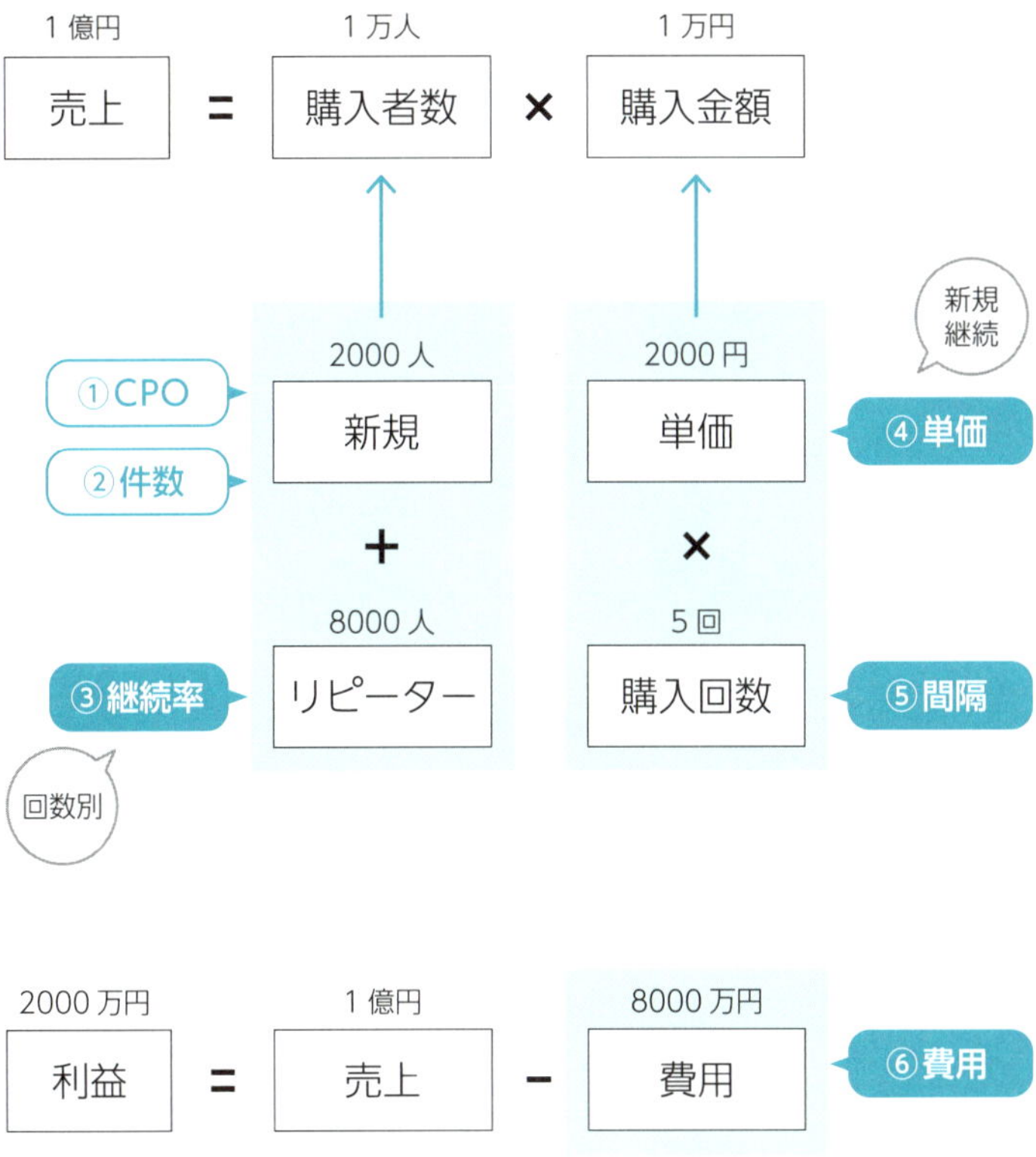

※③④⑤＝LTV

				1ヶ月目		2ヶ月目		3ヶ月目		4ヶ月目	
				予算		予算		予算		予算	
売上	新規			¥88,053	100%	¥117,404	54%	¥146,755	43%	¥1,174,040	80%
	既存			¥0	0%	¥98,340	46%	¥196,680	57%	¥286,080	20%
	合計			¥88,053		¥215,744		¥343,435		¥1,460,120	
	年間			¥88,053		¥303,797		¥647,232		¥2,107,352	
費用	原価	単品		¥25,926	29%	¥53,708	25%	¥81,490	24%	¥401,360	27%
		合計		¥25,926	29%	¥53,708	25%	¥81,490	24%	¥401,360	27%
	広告			¥300,000	341%	¥300,000	139%	¥300,000	87%	¥2,000,000	137%
	既存販促	同梱　1回目	¥100	¥1,500	1.7%	¥2,000	0.9%	¥2,500	0.7%	¥20,000	1.4%
		同梱　2回目	¥100	¥0	0.0%	¥1,100	0.5%	¥1,500	0.4%	¥1,900	0.1%
		同梱　3回目	¥20	¥0	0.0%	¥0	0.0%	¥140	0.0%	¥180	0.0%
		同梱　4回目	¥20	¥0	0.0%	¥0	0.0%	¥0	0.0%	¥80	0.0%
		同梱　5回目	¥20	¥0	0.0%	¥0	0.0%	¥0	0.0%	¥0	0.0%
		同梱　6回目以降	¥20	¥0	0.0%	¥0	0.0%	¥0	0.0%	¥0	0.0%
		合計		¥1,500	1.7%	¥3,100	1.4%	¥4,140	1.2%	¥22,160	1.5%
	受注・問い合わせ	コールセンター受注費	¥500	¥938	1.1%	¥1,250	0.6%	¥1,563	0.5%	¥12,500	0.9%
		アップセル代	¥0	¥0	0.0%	¥0	0.0%	¥0	0.0%	¥0	0.0%
		はがき・FAX受信・入力費	平均¥0	¥0	0.0%	¥0	0.0%	¥0	0.0%	¥0	0.0%
		コールセンター問い合わせ費	¥500	¥0	0.0%	¥3,208	1.5%	¥7,333	2.1%	¥12,292	0.8%
		合計		¥938	1.1%	¥4,458	2.1%	¥8,896	2.6%	¥24,792	1.7%
	発送	発送費	¥230	¥3,450	3.9%	¥7,130	3.3%	¥10,810	3.1%	¥53,360	3.7%
		作業費	¥0	¥0	0.0%	¥0	0.0%	¥0	0.0%	¥0	0.0%
		合計		¥3,450	3.9%	¥7,130	3.3%	¥10,810	3.1%	¥53,360	3.7%
	手数料	クレジット手数料	3.4%	¥1,378	1.6%	¥3,306	1.5%	¥5,235	1.5%	¥22,642	1.6%
		後払い手数料		¥50,139	56.9%	¥52,947	24.5%	¥55,755	16.2%	¥82,610	5.7%
		代引き手数料	¥300	¥0	0.0%	¥0	0.0%	¥0	0.0%	¥0	0.0%
		合計		¥51,516	58.5%	¥56,253	26.1%	¥60,989	17.8%	¥105,252	7.2%
	顧客管理システム		¥54,800	¥54,980	62.4%	¥55,172	25.6%	¥55,364	16.1%	¥57,584	3.9%
	チャットボット（月額以外）		¥200	¥2,700	3.1%	¥3,600	1.7%	¥4,500	1.3%	¥36,000	2.5%
	単月合計			¥441,010	501%	¥483,421	224%	¥526,189	153%	¥2,700,507	185%
	年間			¥441,010	501%	¥924,431	304%	¥1,450,620	224%	¥4,151,127	197%
利益	単月			¥-352,957	-401%	¥-267,677	-124%	¥-182,754	-53%	¥-1,240,387	-85%
	年間			¥-352,957	-401%	¥-620,634	-204%	¥-803,388	-124%	¥-2,043,775	-97%
顧客数	リスト顧客数＜月初＞					15		35		60	
	定期解約件数＜月中＞					4	26%	9	29%	15	32%

収支・LTV（限界CPO）シミュレーションを必ず行い、予実管理				1ヶ月目		2ヶ月目		3ヶ月目		4ヶ月目	
				予算		予算		予算		予算	
新規	件数	全体		15		20		25		200	
		定期	合計	15	99%	20	99%	25	99%	198	99%
			1個	0	0%	0	0%	0	0%	0	0%
			2個	0	0%	0	0%	0	0%	0	0%
			3個	15	100%	20	100%	25	100%	198	100%
		都度		0	1%	0	1%	0	1%	2	1%
	CPO	全体		¥20,000		¥15,000		¥12,000		¥10,000	
		定期		¥20,202		¥15,152		¥12,121		¥10,101	
	平均単価	全体		¥5,870		¥5,870		¥5,870		¥5,870	
		定期 ¥1,960	1個	¥1,960		¥1,960		¥1,960		¥1,960	
			2個	¥3,920		¥3,920		¥3,920		¥3,920	
			3個	¥5,880		¥5,880		¥5,880		¥5,880	
		都度		¥4,900		¥4,900		¥4,900		¥4,900	
	平均購入数	定期		3.0		3.0		3.0		3.0	
		都度		1.0		1.0		1.0		1.0	
既存	定期初回・初回アップセル										
	定期継続	1ヶ月ごと ※加入時	2回目			11	77%	15	77%	19	77%
			3回目					7	66%	9	66%
			4回目							4	65%
			5回目								
			6回目								
			7回目								
			8回目								
			9回目								
			10回目								
			11回目								
			12回目以降								
		定期継続件数　合計		0		11		22		32	
	都度購入件数										
	件数合計			0		11		22		32	
	平均単価	全体		¥8,940		¥8,940		¥8,940		¥8,940	
		定期 ¥2,980	2回目	¥8,940		¥8,940		¥8,940		¥8,940	
			3回目	¥8,940		¥8,940		¥8,940		¥8,940	
			4回目	¥8,940		¥8,940		¥8,940		¥8,940	
			5回目以降	¥8,940		¥8,940		¥8,940		¥8,940	
		都度		¥4,900		¥4,900		¥4,900		¥4,900	
	平均購入数	定期		3.00		3.00		3.00		3.00	
		都度		1.00		1.00		1.00		1.00	
商品販売個数				45		93		141		692	

ことになります。売上に影響する重要なポイントです。

前頁の表は、これら6項目を月ごとに明細化したひな形です。エレファントでは常に今後最低3年間をこの表でシミュレーションし、各月の予算と実績を比較し、差分があるところを「課題」と捉えて分析します。

例えば「継続」の売上が予算より上回っている一方、「新規」が予算より下回っていたら、表の「新規件数」を見ます。シミュレーションでの件数に対して、実績がそこに至らない件数に留まっていたら、これが「新規」の売上が下回った理由ということになります。

また、例えば4月の新規件数とCPOに課題を見出した場合は、より細かく分析できる「広告明細レポート」を見て4月の新規全体をチェックし、原因を探ります。

「広告明細レポート」ではFacebook・Instagram、Googleなど媒体別の結果とCPO、さらに表示回数、CPM（Cost Per Mille…広告表示1000回当たりの費用）、CTR（クリック率）、CVR（Conversion Rate…コンバージョン率）など、CPOを構成する要素それぞれの明細を見ることができるので、必要に応じて具体的な数値で確認し、状況を判断していきます。

6つの指標に基づいて全体を見渡して課題を見出し、解決に向けた施策を打つ。その結果を数値で確認し、どの月に行った施策で数値がどう動いたかを比較する。こうした作業が日常的に欠かせません。

どこを見直して何を修正するか

新規の課題に対する対策

①CPO低下のために行うこと

a　対象者（課題・市場・訴求）を修正する

敏感肌の女性を対象にしたスキンケア商品の対象者を子どもに変えるなど、商品開発のフレームワークと同じ考え方で修正を考えます。

例えば高価格帯の商品の場合、多少市場が狭まっても悩みの深い人に訴求することを考えたりします。ただし、これが成り立つ内容の商品であることが前提ではあります。

いわば、より悩みの深い人に訴求するワードに変えて商品情報をリニューアルするということです。ただ、開発動機とあまりにも乖離している場合は、付焼刃の修正案となり、中長期の成果にはつながらないことが多く、注意が必要です。

b　ペルソナを修正する

ターゲットとする人の背景や悩みの深さなどを想像して列挙し、マトリクス的に整理したり、4象限マップで整理したりして、ペルソナ（ユーザー像）を見直します。

例えばシミに悩む女性を対象としたオールインワンゲルの場合、経済的に余裕があって美容皮膚科などのクリニックに通って悩みを改善している女性や、高価格帯の商品で満足している女性は対象外としてみます。そして対象者を、クリニックへの通院や高価格帯の商品に興味はあるけれど、経済的な理由などでためらっていて、オールインワンゲルをあれこれ選んで試している女性にしてみたりします。こうした細かいペルソナの見直しを行います。

c　ストーリーを修正する

bで修正したペルソナに基づいて、対象者の本音に訴える広告・記事・LP（ランディングページ）を作ります。

本当はクリニックに行きたいけれど通えない、高価格帯のセット商品を試したいけれど余裕がないというのが対象者の本音なら、記事LP（LPに行く前に、より深掘りして説明するページ）やLPでは「忙しいので定期的にクリニックに通えそうもない」「クリニックでの施術は痛そうで怖い」「施術によって肌に痕がつかないか心配」といった不安とともに「だから私は手軽な日々のスキンケアでシミを何とかしたい」というストーリーを語ります。「高額の数点セットではなく1つにすべてが凝縮されたオールインワンゲルなら試してみたい」という、商品購入に至るまでの気持ちをこちらが作っていくわけです。シナリオのようなものと考えてください。

その際、一人称で語るほうが総じてレスポンスの良いことが多いです。美容ライターや記者等の第三者から語る場合も、その人間の体験ストーリーとして一人称で描くことをお勧めします。

d　クリエイティブを修正する

a～cで行った修正を受けて、クリエイティブ（広告）を修正します。対象者が高級志向なのか、リーズナブルな価格を志向しているのかによって、テキストの書体や強弱の付け方、色の選び方などデザインの微細な部分を変えていくのです。

e　媒体や媒体構成を修正する

Facebookでは顧客層に合わないことがわかったら、LINE、TikTokなど別の媒体に変えて、結果を見ます。

f　オファー変更の可能性を考える

オファー変更とは、いよいよ最後の手段として、主に価格を変えることを意味します。通常は後から価格を変更することはほとんどなく、お勧めできる施策ではありません。金額を修正するということは、つまりターゲットを変更するということになり、事業構造もシミュレーション自体も変わることになるからです。

当初の事業設計の段階で戦略の1つとして計画されたのでなければ、後から価格を変更することは避けるべきでしょう。

②件数拡大のために行うこと

a　予算を増やす

b　媒体を追加する

c　プレイヤー（アカウント）を追加する

代理店に予算運用を依頼したり、アフィリエイト広告を試したりすることで、参加者を増やします。

d　媒体の種類を追加する

紙媒体やテレビのインフォマーシャルなどを追加します。

最も重要なのは、「①CPO低下のために行うこと」のa、b、cの施策です。ここで勝負が決まると言えます。

そもそも定期を軸にした仕組みなので、新規に集中して数値管理をし、施策を見直していけばよいわけです。その意味で、シンプルに「CPO低下」と「件数拡大」のための対策に集中すればよいと言えます。

次に述べるのは、２ステップ通販が主流だった時代から行われている施策ですが、実際に行うのが難しいものも多く含まれます。

商品開発の段階で見誤っていないかをチェックするポイント、事業設計の段階で注意したいポイントとして見てください。

ＬＴＶ（購入単価×購入回数〈継続率〉）が悪かったときの対策

✴①継続率を上げる

ａ　対象者（課題・市場・訴求）を修正する

そもそも本気で商品開発をすれば、その時点でどのような市場に対してどういう商品をいくらで売るかが定まってきて、自然とＬＴＶは決まると言えます。商品の成分、ネーミングも含めて商品開発の時点で選択しているわけですから、現実的には後付けで実施するのはなかなか難しくはなってきます。

b　媒体や媒体構成を修正する

Ｗｅｂ広告は顧客がＬＰ等の商品情報を読み込んだうえで購入を最終確定するため、ある程度は納得をした人しか申し込みに進まない傾向があります。これが他の媒体より継続率が高い理由です。

一方、テレビ通販のように数分のインフォマーシャルを見てすぐ電話するようなものは、定期購入であることを理解しないまま「購入させられた」と感じる人も少なくありません。そのため、納得の上で購入する割合が大きいＷｅｂ媒体の予算を増やすという施策があり得ますが、これも後から実施するのは簡単なことではありません。

c　後払いの未払い猶予期間を延長する

コンビニエンスストアでの後払いは2週間が期限ですが、その間にうっかり支払い損ねた顧客は与信ＮＧとなってしまい商品が届きません。そこで猶予期間の延長を代行会社と交渉することで、継続率のアップを図ることができます。

d　離脱理由にフォーカスした内容で接触回数を増やす

これは、実施したい施策の1つです。「使い切れず余ってしまう」というのが離脱理由なら、「1日1回でなく3回の食事と一緒にどうぞ」「子どもだけでなく大人も使えます」「朝晩の洗顔にも使えます」といった適切な使用方法や頻度で使ってもらえるよう働きかける同梱物を入れるなどして、顧客とのコミュニケーションを図っていきます。

e　オファー修正の可能性を考える

継続しない理由が、市場に対して価格が合っていないことだと考えられる場合の施策です。価格を下げる代わりに継続率を高め、長い目で見て採算がとれるよう計算したうえで実施します。

f　商品改良

しっかり商品開発をし、家族や周囲の人々、モニターの方々に試してもらったうえで発売に踏み切った商品であっても、実際にお金を出して購入した顧客の実感とズレが生じることはあるので、商品改良していく必要があります。

g　縛りや解約金など（エレファントとしてのお勧め度は低い）

初回返金保証を付け、1回でやめることもできるけれど「やめる際には正規料金との差額をいただきます」とするような形です。

こちらは初回の購入前に顧客に理解してもらうことは事実上困難で、僕としてもお勧めはしたくない施策ですが、行っている事業者も存在します。

②単価を上げる（エレファントとしてのお勧め度は低い）

a　アップセル、クロスセルを考える

確認ページ、完了ページ、ステップメール、チラシなどの同梱物やDM、お電話などで「石鹸と一緒にローションもいかがですか」「今ならクレンジングもお得な価格でご購入できます」「毎月3袋いかがでしょうか」などと働きかける施策です。ファストフード店で「ご一緒に○○もいかがですか」と言うのと同じです。

b　購入間隔を短くする

2ヶ月コースから毎月コースへの変更を促します。

c　購入間隔を長くして数回分をまとめて送る

3回分3個をまとめて送る、あるいは2回目のお届け時に2個送るなど、3回目まで一度に確定させてしまうという、やや強引さの出る施策です。

d　容量変更バージョンを考える

価格を変えずに容量を小さく修正することで消費期間が短くなり、トータルとしての単価を上げる施策です。または容量を増やして単価を上げるという方法です。

e　商品自体の単価を上げる

「原料費高騰につき……」という理由で単価を上げざるを得ない場合もあります。単価を上げることでLTVを上げる施策です。

その他コスト比率が悪かったときの対策

①原価率を下げる

a　容器変更（詰め替えの可能性も検討）

特に化粧品は容器にコストがかかります。容器を変えただけで50～100円、あるいはそれ以上、コストが上下することもあるので、細かい部分の修正を検討したり、2回目以降の容器を詰め替えに変更したりすることも検討します。

SDGsの流れにも沿うことから多くの企業が実施していますが、容器の原価を抑えるのが主目的である場合が多いようです。ただし、無添加化粧品等、詰め替えに不向きな商品もあります。

b　容量変更

c　中身変更（使用実感が下がる変更はできるだけ避ける）

顧客への告知をしたうえで中身を調整します。原価の高い希少性のある成分を配合している場合、効果に影響がなければ中身を変更したりします。

②発送費率を下げる

厚み変更

パッケージの厚みによって発送費を数百円抑えられるので、容器の形状を修正します。

③コールセンター費率を下げる

単価調整や契約方法の変更

電話1件当たりの単価の変更や、適切な人数の専任スタッフを時給で契約するなど、状況に応じて契約の中身を変更します。

④支払い手数料率を下げる

後払いプラン変更とクレジット率のアップ

コンビニエンスストアでの後払いは手数料が高いので、圧倒的に安い手数料で振込用紙も不要なクレジット払いへの変更をお勧めすることで支払い手数料率を抑えます。

クレジット払い率を上げることで結果的にLTVにも寄与するケースもあります。

⑤固定費率を下げる

a 作業的な仕事の外注化

経験のない新卒の社員であっても人件費はかかります。売上規模が小さい時期は自力で、必要最小限のスタッフで運営することが前提です。作業的な仕事は、社員を雇用して固定費を抱え、オフィス代を上げるよりも、むしろ外注したほうが安く抑えられます。

また、自分にスキルがあったり、できる仕事の範囲が広かったりすることは、人件費や外注費を下げることにもつながります。

b　必要最低限の事務所への変更

店舗であれば外観のデザインや内装などが売上やリクルーティングに影響しますが、通販事業の場合、それらについては精査したほうがいいでしょう。特に立ち上げ時に重視するポイントではないと考えます。

第4章

成功する広告、失敗する広告

chapter 4

1

「届く広告」にはルールがある

僕と通販業界との関わりは、広告の仕事から始まっています。前職で広告の面白さに目覚め、通販ベンチャーに転職して制作部門でクリエイティブを任されたのが最初でした。以来、現場で経験を積み、失敗を重ねながら、集客できる広告とは何かを学んできました。

最初の仕事は、肌に悩みをもつ女性のために開発されたスキンケア商品です。すでに売上を伸ばしつつあり注目されていた商品でしたが、さらなる新規集客を狙う広告を任され、ここで僕はある失敗を経験することになります。

その頃、僕はデザインにこだわった「カッコいい広告」を追求していましたが、新規集客を狙う広告において、これが大きな勘違いであることに気づかされます。僕が作った広告へのレスポンスは、ほとんどゼロ。全然注文が入らなかったのです。

ところが、とてもカッコいいとは言いがたい、びっしりと文字で埋まった体験談を詰め込んだ広告には、一気に何百件もの注文が入りました。文字ばかりなので読みにくく、洗練されてもいないデザインなのに、これほどの注文がとれるという現実に衝撃を受け、注文がとれる広告とは何かを明確に認識することになったのです。今は、このときの失敗こそ最高の経験だったと思っています。

実は現在、ネット通販で成功している人には、紙媒体での通販出身者が意外に多くいるのですが、これは紙媒体でのクリエイティブの経験と、それを通して得たノウハウを蓄積していることが強みになっているからだと思っています。

ですから、紙媒体とＷｅｂ媒体は別物だと考えて躊躇《ちゅうちょ》している人がいるなら、「そんなことはない」と僕は強く言いたいです。

さて、何百件もの注文をとったのは、１２９ページの広告のようなデザインでした。大きな要素は次の3点です。

①メインのキャッチフレーズとメインビジュアル（肌の悩みワード・悩みの解決を示す写真）
②体験談（商品を使った人の体感）
③オファー（価格、送料、注文案内）

これはダイレクトレスポンス広告と言われるもので、ユーザーから直接注文や申し込み、問い合わせ、資料請求などを受けることを目的としています。
今では一般的になっていますが、2000年代はそこまで広がってはいませんでした。

ダイレクトレスポンス広告とは？

通常、商品を企画・製造してから店頭での販売に至るまでには、次のように責任の所在が切り分けられています。

製造：メーカー

ダイレクトレスポンス広告とは?

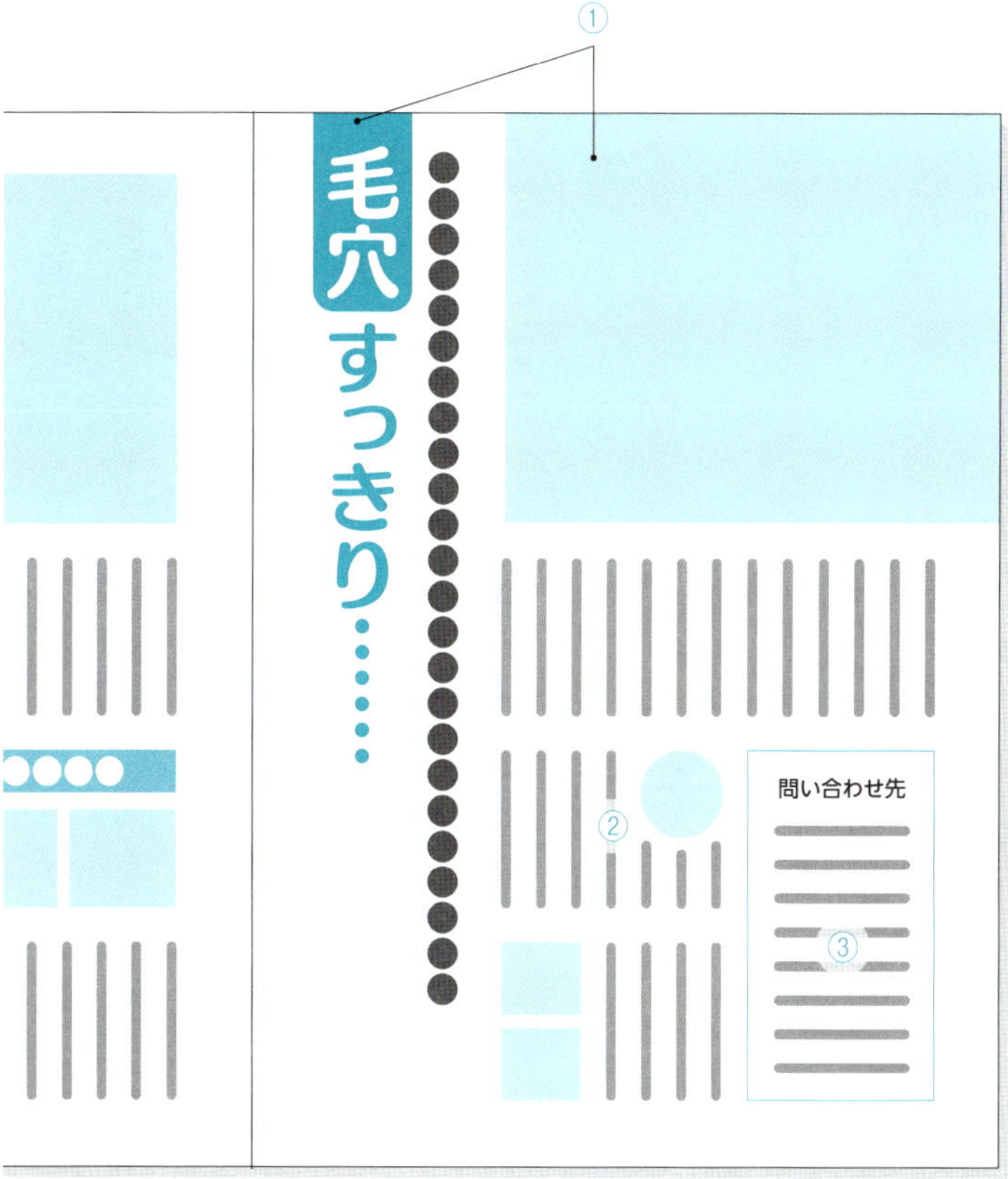

販売：ドラッグストアなどの店舗

さらに、広く商品を認知させるCM制作、プロモーションの展開、店頭でユーザーにアピールするためのPOP制作、店頭で商品の説明をしてユーザーの購買意欲を引き出す販売員……と、それぞれ役割と責任が分業され、商品が並ぶ店頭での流れは次のようになります。

店頭の場合

テレビCMや紙媒体などの広告でユーザーが商品を認知

↓

ユーザーがドラッグストアや化粧品専門店を訪れる

↓

店頭のPOPや販売員による説明

「何にお悩みですか？」

「これ、お勧めです」
「私も使ってみて良かったし、お客様と同じ悩みをもつ皆さんが選んでいかれ、喜ばれています」

↓

販売員による最後のひと押し

「効果を考えると、この価格はお手頃です」

↓

ユーザーが商品を購入

これら店頭での一連の流れを広告1つで完結させるのが、ダイレクトレスポンス広告の役割です。商品を「認知」させ、商品について「説明」し、ユーザーが「購入」を決断して申し込むまでに牽引していかなければなりません。

つまり、テレビCMで展開している情報、ユーザーがもっている肌の悩みへの共感や商品の使い心地など店頭で販売員が展開するトーク、価格の提示オファーと最後のひと押し、購入までのすべてを1つの広告で完結させるということです。

ダイレクトレスポンス広告の場合

認知
↓
説明
↓
購入

このように、一連の流れが、1つの広告で完結するのです。

「ブランド広告」と「ダイレクトレスポンス広告」の違い

ダイレクトレスポンス広告は、広告を目にしたユーザーにその場で反応させ、購入につながる行動を起こさせることを目的としています。

一方、ブランド広告は、他社にはない価値や世界観を表現して企業とその商品やサービスへの信頼、共感を醸成することを目的とします。

ダイレクトレスポンス広告1つですべてを完結

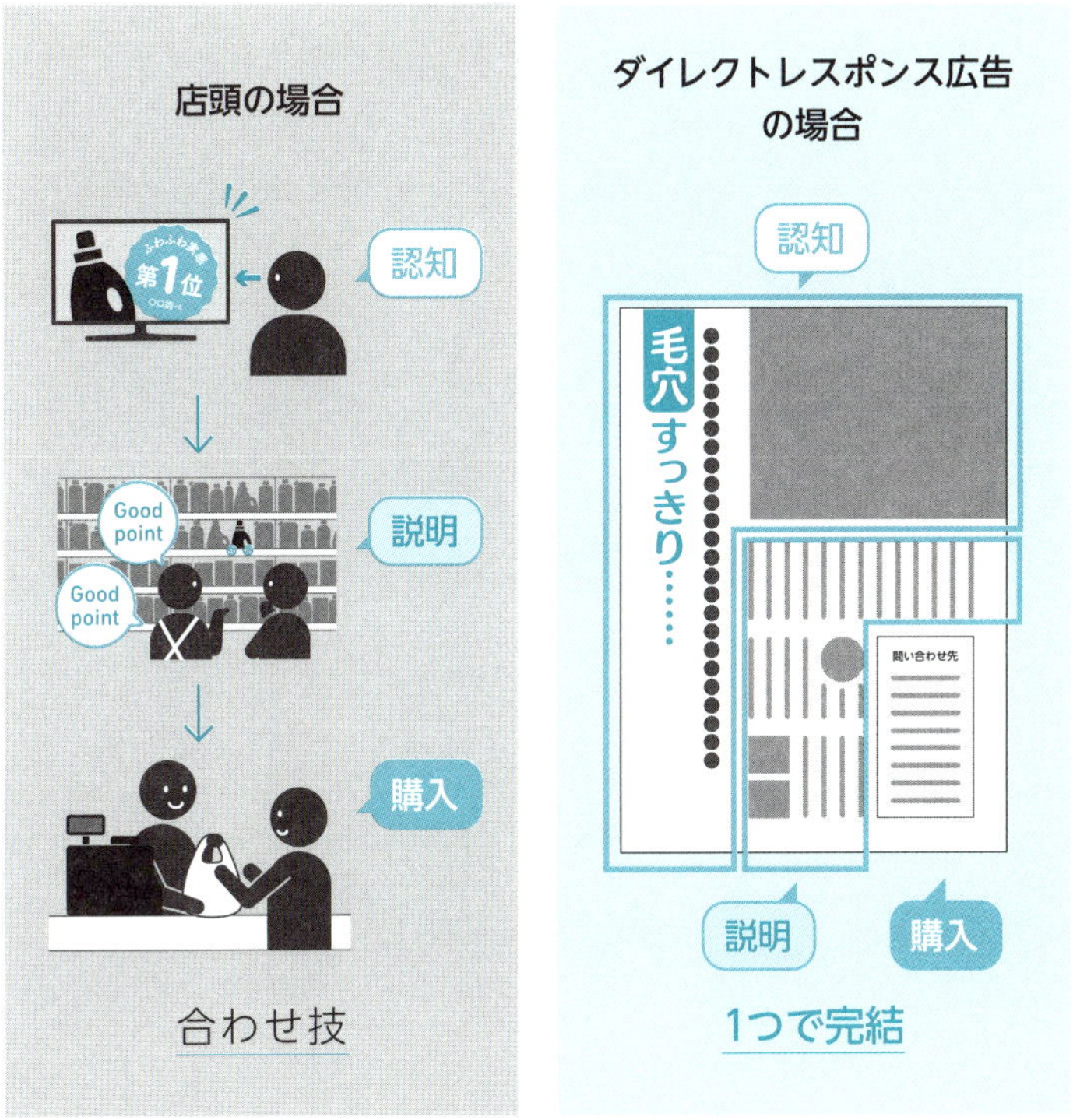

1つで「知る」～「買う」まで完結させるのが
ダイレクトレスポンス広告

ブランド広告

広告ビジネスを展開する人たちには、これらの明確な違いをしっかり理解していない人が少なくありません。僕自身が広告で失敗した理由もそこにあったことは、すでにお話ししました。広告というものをひとくくりに考え、ブランド広告とダイレクトレスポンス広告の違いを認識していなかったのです。

ブランド広告とダイレクトレスポンス広告の違いを理解していなければ、広告の費用対効果を評価することもできません。

「見出しの一言」の違いですべてが変わる

137ページのダイレクトレスポンス広告A、B、C、Dは、デザインのパターンは同じです。それぞれ同じ毛穴に関する悩みを見出し(キャッチフレーズ)で目立たせています。異なっているのは、キャッチフレーズの「一言」と写真だけ。添えられている数値はそれぞれの広告に対する反応率です。その違いに注目してください。

なぜ、「一言」を変えているのか?

「一言」の違いで、なぜ数値に差が生じるのかを考えてみましょう。

●「キャッチフレーズの違いは何か?」

A　毛穴の黒ずみ　CVR1とする

B　毛穴のポツポツ　CVR1・11倍

C　たるみ毛穴　CVR1・8倍

D　毛穴の開き　CVR1・56倍

キャッチフレーズの「一言」が異なるのは、対象者によって毛穴に関する悩みの種類が変化しているからです。同じデザインパターンの広告であっても、対象者が抱えている悩みに合わせて「悩みワード」と写真を変えているわけです。

注目してほしいのは、CとD。年齢を重ねると肌はハリを失ってたるみ、それにともなって毛穴も下がって開いてくるため、毛穴に関わる悩みのテーマも「たるみ毛穴」「毛穴の開き」に変わります。CとDは中高年齢層に特有の悩みということです。

Cの反応率が1・8倍とグンと上がっているのは、年齢層の高い人たちが「たるみ毛穴」という悩みワードに反応して、他の年代より高いレスポンスをしているからです。

今でこそ60代、70代の人々もネットを活用し、ネット通販における注文率も年齢による差がなくなりつつありますが、かつてはネットを活用するのは若年層であり、中高年層がよく目にするのは紙媒体とされていました。ですから当時であれば、中高年層を対象とする場合は、あえて紙媒体でのボリューム層を狙った「たるみ毛穴」の広

「見出しの一言」の違いですべてが変わる

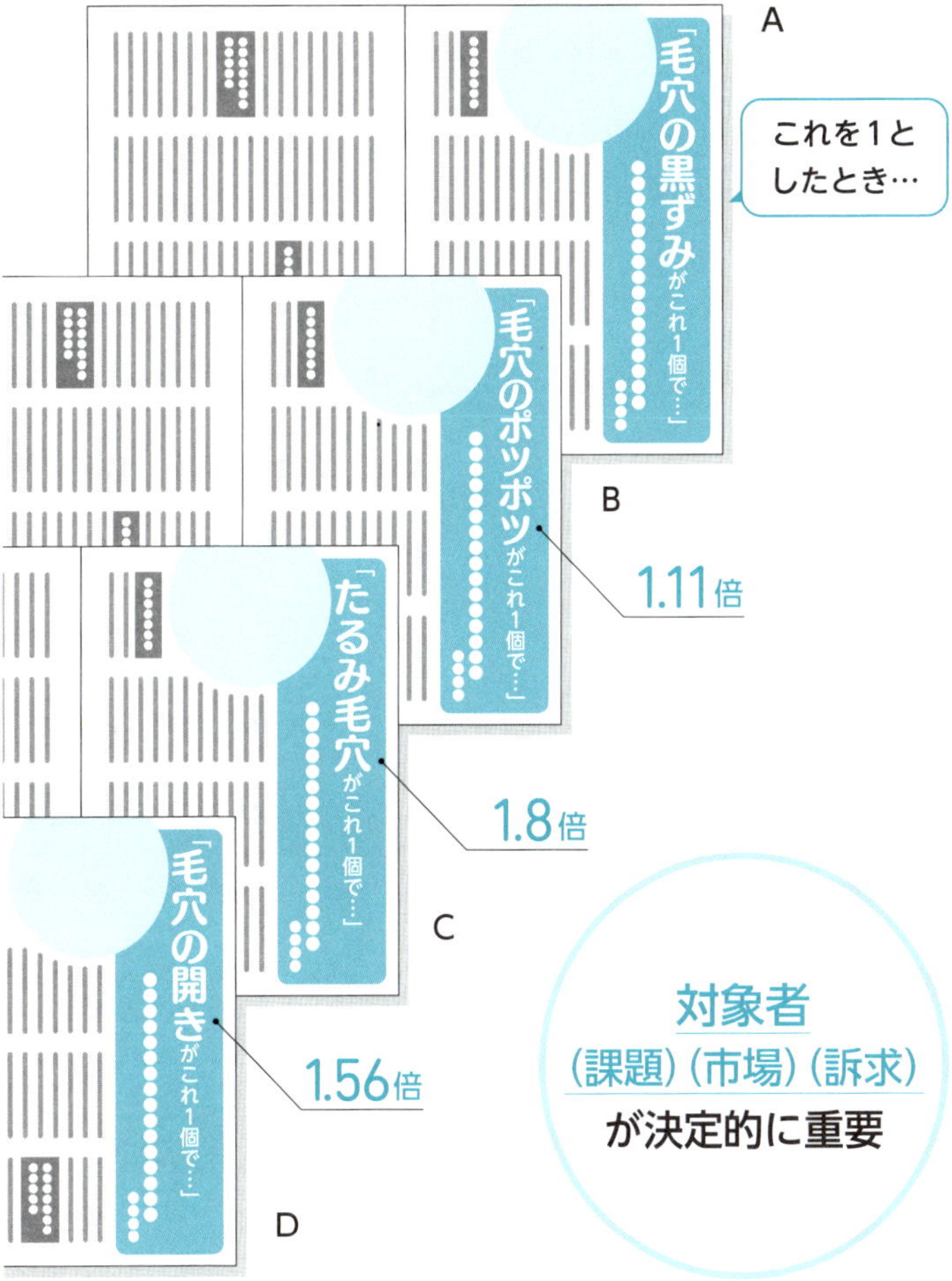

告Cを展開し、より若い層を狙うなら「毛穴の黒ずみ」の広告Aをネットで展開ということになっていたのです。

通販のクリエイティブ＝マーケティング

見出しの「悩みワード」とそれに関連する写真を変えることで、広告Cは反応率が1・8倍に伸びました。この変化のポイントは、「見出しを変えたこと」ではありません。見出しを変えて「対象者を変えたこと」が注文数を伸ばしたのです。

通販においては、「見出しの一言」の違いですべてが変わります。「見出しの一言」が、広告の対象者を選択することになります。つまり、見出しの一言で市場選択が決まるということであり、ユーザーに「この商品は私のための商品だ」と認識させることにつながるわけです。

これは広告において、「課題（悩み）」「市場（対象者）」「訴求（悩みワード）」の要素が決定的に重要だということです。通販では、クリエイティブとマーケティングが直結しています。クリエイティブとマーケティングは同義語だと言ってもいいでしょう。

そして、「じぶんごと」の商品開発が出発点であること、対象者の悩みを「じぶんごと」として理解していることが、注文のとれる広告を作れるかどうかの重要な基盤であることは言うまでもありません。

chapter 4

2

広告バナーの7ルール

ここからは、集客できる広告バナー作成のコツを紹介していきます。これには3つの基本ルールと、4つのテクニカルルールがあります。

広告バナーの基本ルール

まじめな商品開発をしていれば、おのずと本物の開発ストーリーが生じ、さらにリアルの体験ストーリーが集めやすい商品になるはずです。そして、体験ストーリーの究極型とも言えるのが自然発生する口コミです。

広告では、それらを自分たちで表現しなければなりません。表現するとしても、結局は本物の体験談や本物の開発ストーリーであることが原則です。基本的にはそれらをバナーに入れるのですが、その際にはルールがあります。

①悩みワードを明確に（可能な範囲で）

バナーには必ず明確な「悩みワード」を入れます。

薬機法*の関係で病名などは入れにくいため、可能な範囲で表現を工夫して、端的なフレーズをしっかり入れていきます。

これは、ダイレクトマーケティングのノウハウとしても正しいですし、Ｗｅｂ広告

広告バナーの「7ルール」

「体験」「開発」ストーリーの序章

広告の「7ルール」

基本ルール

❶悩みワードを明確に（可能な範囲で）

❷体験者か開発者のリアルストーリーを出す

❸画像は「変化＞事前＞事後」

※すでに認知がある場合は「商品画像」＋「商品名（企業名・ブランド名）」を入れる

※薬機法・景表法＊には十分に配慮のこと

テクニカルルール

❹悩み解消の「簡単さ」、実例の「多さ」を数字で表す

❺ユーザーか第三者目線の言葉にする

❻結論を言わずに先を読みたくさせる

❼「逆転ストーリー」を連想させる

＊薬機法：「医薬品、医療機器等の品質、有効性及び安全性の確保等に関する法律」の略称
＊景表法：「不当景品類及び不当表示防止法」の略称

においても、顧客に商品を認知させるうえでも、言葉で明確にしておかなければならないというルールです。挑戦者として無名の立場から始める場合は、基本に忠実に行っていくことが重要です。

②体験者か開発者のリアルストーリーを出す

③画像は「変化∨事前∨事後」

画像は、基本的には「ビフォー・アフター」を用いますが、薬機法等との関連で慎重さを要する商材の場合には、例えば「ビフォー」だけを入れます。

商品を使って悩みが改善されたアフターの写真より、使用前の悪い状態のビフォーの写真のほうが成果は良いのですが、ＭｅｔａのＳＮＳ（ＦａｃｅｂｏｏｋやＩｎｓｔａｇｒａｍなど）等の媒体はネガティブ表現を全体的に排除していく流れにあります。ですので、その場合はアフター写真や他の画像で代替していくことになります。

言葉選びのテクニカルルール

④悩み解消の「簡単さ」、実例の「多さ」を数字で表す

例えば「たった1回で」「これ1つで」といったフレーズのほうがCPOは下がります。ただし、広告には審査というものがあります。この数字の表現の仕方には、審査に通るものと通らないものがあることを知っておきましょう。

数字を断言してしまうことで媒体審査に引っかかる可能性が出てきてしまうのですが、数字を入れることでレスポンス率は高くなります。なので、これはやりながら調整していくしかないでしょう。そのあたりが難しいところではありますが、それでも数字を入れないよりは入れたほうがいいと言えます。

安易に数字を求めてくるお客様は離れやすくもあるので、極端な数字を断言することで顧客の質が下がってしまう側面もありますし、数字を示すにせよ、事実に基づく必要があることは言うまでもなく、注意が必要です。

⑤ユーザーか第三者目線の言葉にする

企業目線ではなく、あくまでもユーザーまたは第三者目線の言葉で表現してください。これはダイレクトマーケティングの基本のノウハウです。

「これを試したら、こんなにシミが防げますよ」と言われるより、同じ悩みをもつ人の「私は、これを試してシミができなくなりました（会社員・30歳女性）」という言葉のほうが伝わるということです。

⑥結論を言わずに先を読みたくさせる

結論を言わずに先を読みたくさせるのは、

「試して1ヶ月後、あのいつもできてしまっていたシミが……（結果は60秒後に！）」

というように、要はCM誘導と同じ効果を狙ったものです。最後までしっかり読んでくれた人が購入に至るというのが1つのルールとしてあるので、先を読ませることが重要です。

見出しは1行目を読ませるためにあり、1行目は2行目を読ませるためにあり、2

行目は3行目を読ませるためにあります。結論を先に言ってしまうと、そこで終わってしまい、クリック率が下がってしまうのは言うまでもありません。

⑦逆転ストーリーを連想させる

これは、「シミのせいでコンプレックスの塊だった私。これ1つで何か変わるわけがないと皆は笑ったけれど、今ではすっかりシミができなくなって、こんなにきれいな肌に！」というようなストーリーのことです。言わば、「みにくいアヒルの子が美しい白鳥になるといった逆転ストーリーは共感を得られる」ということです。

これらに加えて、エレファントの場合は、テキストに「20代向け」「40代のための」といった対象者を必要以上に限定してしまうような年代ワードは入れないことにしています。

集客の軸は「体験」と「開発」のストーリー

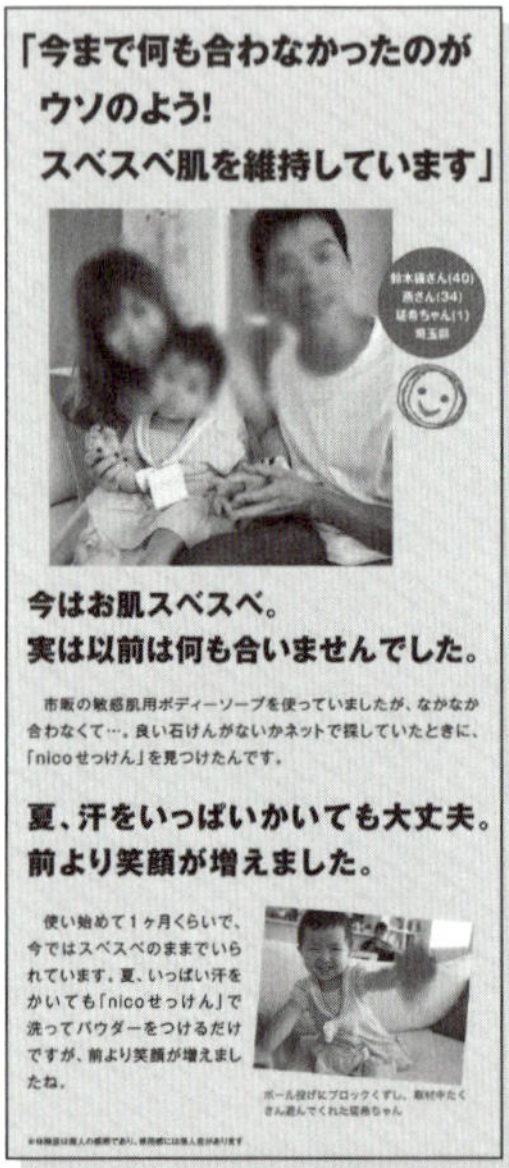

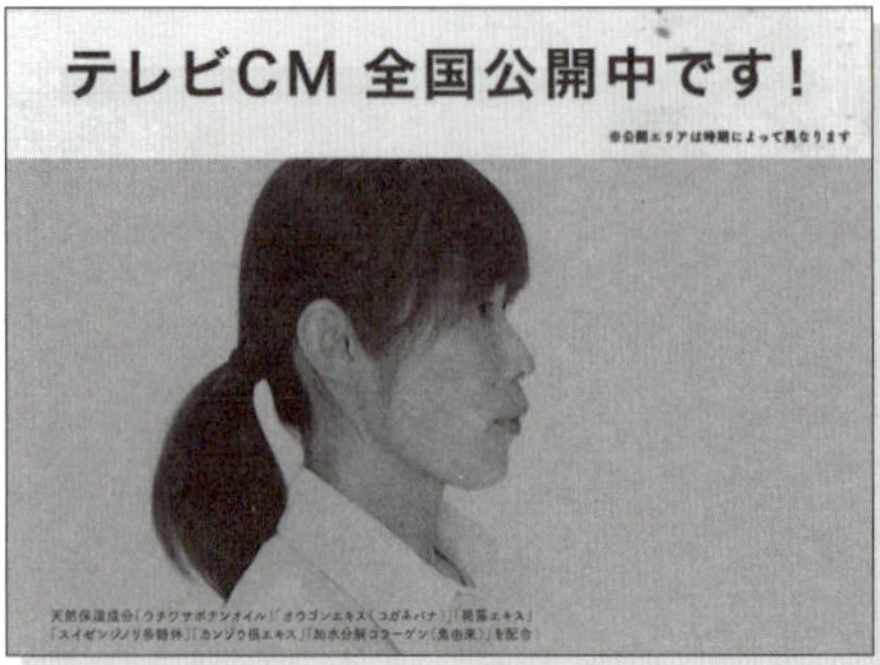

Ｉｎｓｔａｇｒａｍ広告の運用法

ここで、エレファントで推奨しているＩｎｓｔａｇｒａｍ広告の運用方法をお伝えします。

Ｍｅｔａの場合、１４９ページの概念図の通り、「キャンペーン／広告セット／広告」という構造になっています。

初期は「１キャンペーンに１広告セットを入れて３広告入れる」というやり方を推奨しています。

１キャンペーンを予算１万円で始めたとして、もし３万円の予算で広告を増やしたいと思った場合には、１キャンペーン１万円で３キャンペーン実施する（＝３万円）ということになります。そこまではキャンペーンを増やしていきますが、その後の展開は商品によって違ってきます。

例えば『ｎｉｃｏせっけん』のようにＩｎｓｔａｇｒａｍのＣＰＭが１０００円程

度だとすると、そのＣＰＭを維持していたいものです。新しくキャンペーンを作ったときにＣＰＭが３０００円になる……といった事態は避けたいのです。でも、例えばＭｅｔａの場合、同じ広告、同じ記事を入れていても、キャンペーンによってＣＰＭが何倍も変わることがあるので、新しくキャンペーンを入れるのは怖いことでもあるのです。ですから、キャンペーンの予算枠を増加させて、1万円から3万円に増やす方法をとる場合もありますが、これは状況を見て随時、判断することになります。

この場合の基本的な考え方は、リスク分散です。

1キャンペーンに10万円投入し、それが崩れたら10万円全額が潰れてしまうことになりますが、1キャンペーン当たり1万円で10キャンペーン組むのなら、たとえ1キャンペーン崩れても、残り9キャンペーンは生きているというわけです。

ただ、1人あるいは少人数で運用や管理をしていく場合は、予算30万円あるから1万円×30キャンペーンとするより、3万円×10キャンペーンのほうが負担なくやっていける……など、状況によって運用方法は柔軟に変えてよいでしょう。

Instagram広告の運用法

※Meta画面で管理

キャンペーン設定

1キャンペーン 1広告セット 3広告　＝　1万円

×

キャンペーン数

→ 3 キャンペーンまで増加させていく（予算 3万円まで）
→ その後はキャンペーン予算を増やすか、
　または 1 万円のままキャンペーンを増やすかは
　状況を見て随時判断

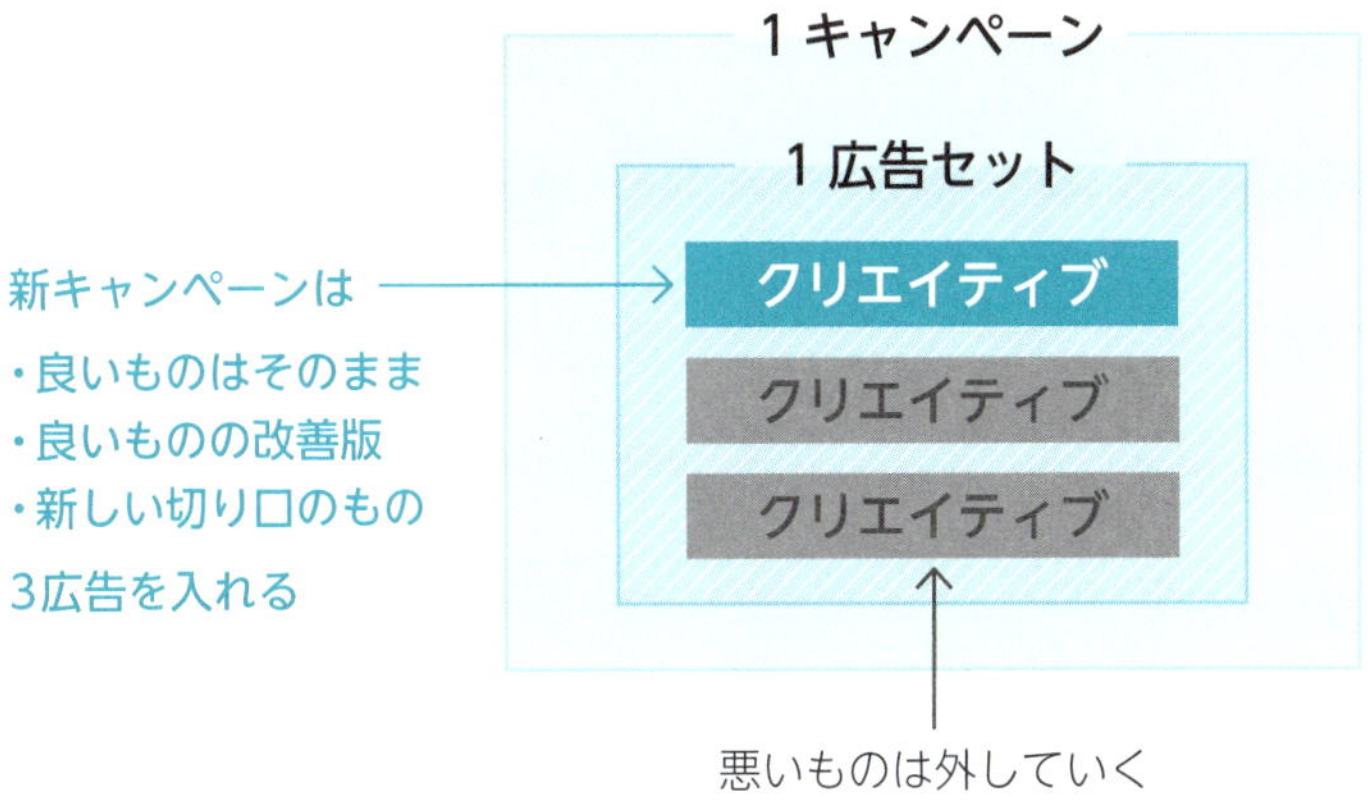

バナーのクリエイティブに関しては、良いバナーは残し、CPOが悪かったもの、効果がなかったものは外していきます。

バナーごとに数値がそれぞれ別々に出るので、数値の最も良いものだけを残し、そこに「この要素を変えれば良くなる」という改善版をもう1つ追加します。さらに3つ目として、まったく新しい切り口のものを入れます。

例えば、開発ストーリーのバナーを入れていたら体験談を入れたり、インフルエンサーが紹介している動画を広告にしたりというように、常に新しい切り口を入れて、どんどん変えていき、良いものだけを残して改善していくのです。そして、CPOが悪かったものは外していきます。

ずっと開発ストーリーだけだったり、同じ人物ばかりが登場したりしているのでは行き詰まってしまいますから、新しいパターンに変えるタイミングを想定しておいて、悪いものは外し、新しいものと入れかえていく作業を続けていかなければ広がっていきません。

chapter 4

3

LP・記事は「体験」「開発」ストーリー

LPと記事については、エレファントの場合は体験と開発のストーリーが中心になる点が特徴です。次のような流れで構成しています。

自分自身が非常に悩んでいた（＝問題）

↓

でも、既存の商品やサービスでは満足できなかった（＝フラストレーション、不満、未充足）

↓

だからこの商品を試した（考えた）（＝解決策　＝行動）

↓

こういうふうに解消できた

↓

なぜならこの商品には、こういう特徴があるから

このように体験・開発のストーリーを、問題・解決策・行動で紹介します。

行動は、オファーに相当しますが、その前の段階で体験と開発のストーリーが語られていなければなりません。

説明ではなく、ストーリーとして語る必要があるのです。開発ストーリーと、できれば体験ストーリーで全部を語ります。そうでなければ最後まで読んでもらうことはできませんし、素材、成分、専門家によるエビデンスの提示といった説明から見せていっても購入にはつながりません。

例として、猫の健康維持に配慮したおやつである『ｎｅｃｏ‐ｒｉ（ねこり）』の場合は、次のような流れで構成しています。

LP・記事は「体験」「開発」ストーリー

自分自身、非常に悩んでいた

しかし既存商品・サービスでは解消されなかった

①未解消A　②未解消B　③未解消C

だから今回の商品を試した（考えた）

①特長A　②特長B　③特長C

「療法食を食べさせてと言われたが、おいしくないのかまったく食べなかった」
「水を飲ませてと言われたが、どんな工夫をしても飲んでくれなかった」
「ところが、何も食べないのはまずいと思ってあげた不健康なおやつにはがっついた」

これが不満、フラストレーション、問題点です。

そして、「おやつのようにおいしいのに、療法食のようなカラダにいい成分でできていて、しかも水分もとれるもの、という解決策が生まれました」という物語（ストーリー）を見せていきます。

さらに、他の人に試してもらったリア

ルな体験を出します。

「こんなに食べてくれるようになりました。そして、これがその商品です！」

そのストーリーの最後に商品が登場します。商品説明は、そこからとなります。

いきなり商品説明から入るLPも見かけますが、LPで説明してもほとんど購入にはつながりません。まず、きちんと体験談と開発ストーリーを語っていかなければ、購入にまでは至らないのです。

記事とLPを分ける必要があるのか？　記事だけで終わらせてもいいのではないか？と思うくらい、説明をちゃんとストーリー化することが重要です。

記事LPの運用方法

①記事は常時2、3パターン

記事LPは常時2、3パターンを同時に配信するようにします。1パターンだけでは、

記事LPの運用方法

① 記事は常時 2、3 パターンを配信

→週ごとに良い記事を決め、さらに改善していく
→加えて、新しいバージョンを1つ追加していく
※「改善版」と「新版」の２方向が常時動いているように！

② 広告➡記事➡LPのストーリーを統一する

紙や TV 広告と一緒。
ただ、Web は「広告」「記事」「LP」に担当者が分かれるためズレが生まれやすい。

どうしても見慣れてしまうからです。

広告も、同じことを訴求した同じ構成でも、常時2、3パターンを配信しています。

週ごとに良かった記事を決めて、バナーでの考え方と同様に、良いものは配信し続け、その改善バージョンと、そしてちょっと別口の記事LPを作っていきます。

②広告↓記事↓LPのストーリーを統一する

例えば、クリック率が高いバナー、LPへの遷移率が高い記事、CVRが高い

LPを組み合わせたら最強になるかと思いきや、実際はそうはならないものです。バナーを作る担当者と記事を作る担当者が異なる、またはバナーだけ外注している、などといったことがあると、よりズレが生じやすくなります。随時、状況を共有して、ズレが生じないように注意することが大事ですが、僕は立ち上げ初期は「広告」「記事」「LP」をすべて1人で担当するのがよいと考えています。

極端に言えば、バナーは若年層向け、なのにLPは50代向けだったとしたら、どうでしょうか。当然、成果につながりにくいでしょう。

そういう意味でも、1人あるいは少人数で立ち上げることには、ズレを生じにくくさせる側面もあるかと思います。

挑戦者の立ち上げで「真似できないもの」は何か？

まず、資金力や技術力ではとても大手にはかなわないので、勝てないもので勝負するのはやめよう、ということが言えます。

では、簡単に真似されることのないものは何かと言えば、あなたの「じぶんごと」の開発ストーリーと、ユーザーの「他にない成功体験」ストーリーしかありません。体験ストーリーこそ重要なので、有名タレントを年間3000万円で契約するより、リアルの世界での口コミに効果があります。

しかし、自社のLPや記事LPで、どれだけ体験ストーリーをリアルに伝えても、今時の人たちはあまり信じてくれません。「CMは嘘だ」「企業からの発信は都合のいい話だ」ということが染みついてしまっているからです。口コミを作りたいのなら、インフルエンサーにまず認められることが大事です。

ですから、実際に使ってみて実感を得られる商品開発から、成果につながりやすい高CVRのLPの構築に集中するのが得策と考えます。

インフルエンサーに「本物」の商品を使ってもらうことで、インフルエンサーが「本物」の顧客になってくれます。その転換を生むためには、商品開発が重要です。商品に本物の体感や実感があればこそ、そこから連鎖が始まっていくからです。

こうして広がっていくと、一般の人も口コミの投稿をしてくれるようになります。

挑戦者の立ち上げで「真似できないもの」は何か？

✖ 技術力や資金力では大手にかなわない

✖ 「コンテンツ」では他社に容易に真似をされる
（A/Bテスト、LP改善では独自性を作れない）

○ 「体験」「開発」ストーリーだけが独自

例えば、体験談応募用のハガキでも、あまり集まらないと感じたときには、記入欄の上部に見本として、「感想の参考例」を入れておくことにしています。そうすると、前よりも多くのハガキが送られてくるようになります。

これと同様に、インフルエンサーという存在は、体験談の見本、体験談の先生のようなもので、口コミを広がらせるために非常に重要な存在です。

chapter 4

4

失敗の理由、成功の理由

使ってよい広告費を計算してみる

通販事業を始めたら、まったく知識のない人でも1ヶ月で理解できると言ってもいいほど基本的かつ重要な業績を評価するための指標（KPI）を、ここに改めてまとめて挙げておきます。

CPO（Cost Per Order）（CPA〈Cost Per Action/Acquisition〉）…新規注文（反応）1件当たりの広告費

CTR（Click Through Rate）…広告のクリック率

CPC（Cost Per Click）…広告のクリック単価

MCVR（Micro Conversion Rate）…記事からLPへの遷移率
CVR（Conversion Rate）…LP流入数における購入率。コンバージョン率。Webサイトの訪問者が商品を購入するに至る割合のこと
LTV（Life Time Value）…1人当たりの生涯粗利（売上）。通販業界では、事業者によって原価が異なるので、粗利で考えると比較しにくい。そのため、売上で見ることが多い。さらに、期間を区切って見る。多くは1年間のLTVを見て、その60％程度を「限界CPO」（そのCPO以下であれば1人当たりの1年間で損益分岐するCPO）と見るが、特に立ち上げ初期は1年ではなく半年くらいで見ることをお勧めしている

なお、LTVは「購入単価×購入回数〈継続率〉」に分解でき、LTVを商品別に分析したり、購入回数はコース別・回数別に継続率をとったり、1年間の平均購入回数を算出していったりします。

以上を踏まえたうえで、では、使える広告費は具体的にどれくらいと考えればいい

のか？

ここでは、あくまでも資金力のない人が、自己資金または銀行や日本政策金融公庫など普通の金融機関から300〜500万円程度を借りて通販事業を始めようとする場合を前提に説明していきます。その場合、半年間の限界CPOの計算から開始します。限界CPOとは、新規顧客を1件獲得するのにかけられるCPOの上限額のことです。そして、これは事業立ち上げの前に必ず計算しておかなければならない数値です。回収スパンは短く、半年間と考えるといいでしょう。

それを計算するのが、162〜163ページの表です。

この表で言うと、9680円のCPOをかけても、1年で売上が1万6133円になり、その他のコストを全部差し引いても黒字化します。この値を限界CPOとして定めます。

逆に言えば、この商品はCPOが9680円以下でなければ、1年では採算化しないということです。

また、1人当たりの計算では1年で利益が出ても、広告投資は毎月発生します。1

〜2ヶ月目の顧客が毎月重なって、広告費をどんどん伸ばしていく流れになるため、1人当たりの計算と収支計算とはまた違ってきたりすることも注意すべきポイントです。なので、1人当たりのLTV計算（限界CPO計算）とは別に、事業収支のシミュレーションも別途作成しておく必要があります。

※収支構造

原価	10%
広告費	40%
販促費	3%
コールセンター費	5%
発送費	10%
決済手数料	5%
人件費	5%
その他コスト	2%
営業利益	20%

足し算

半年の限界CPOで開始

余裕が出てきたら
1年の限界CPOで管理

新規1年LTV&限界CPO目標

			件数他		平均単価
新規	全体		100		
	定期	全体	99	99%	¥1,980
		1ヶ月	89	90%	¥1,980
		2ヶ月	8	8%	¥1,980
		3ヶ月	2	2%	¥1,980
	都度		1	1%	¥3,000

都度のリピーター転換	件数		0	20%	¥3,000
	平均リピート回数	3ヶ月	2.2		
		6ヶ月	3.5		
		1年	4.0		

定期継続	1ヶ月	2回目	71	80%	¥3,980
		3回目	57	80%	¥3,980
		4回目	46	80%	¥3,680
		5回目	36	80%	¥3,380
		6回目	29	80%	¥3,380
		7回目	26	90%	¥3,380
		8回目	24	90%	¥3,380
		9回目	21	90%	¥3,380
		10回目	19	90%	¥3,380
		11回目	17	90%	¥3,380
		12回目	16	90%	¥3,380
	2ヶ月	2回目	6	80%	¥3,980
		3回目	5	80%	¥3,980
		4回目	4	80%	¥3,680
		5回目	3	80%	¥3,380
		6回目	3	80%	¥3,380
	3ヶ月	2回目	2	80%	¥3,980
		3回目	1	80%	¥3,980
		4回目	1	80%	¥3,680

LTV	3ヶ月	¥7,362
	6ヶ月	¥11,534
	1年	¥16,133

限界CPO	3ヶ月	60%	¥4,417
	6ヶ月	60%	¥6,920
	1年	60%	¥9,680

僕の経験上、6ヶ月の限界CPOで開始すると、経営者にとってよりわかりやすく採算化していきます。1年での採算化を待たず、より厳しく見ていこうということです。事業が成立してくると、利益が出て余裕もできてきますから、半年だった期間を1年、1年半、2年と延ばしていくことができます。つまり最初は半年の限界CPOで始めたとしても、余裕が出てきたら1年半の限界CPOに変更し、それが、さらに集客に投資することが可能になっていくLTV（限界CPO）や収支のシミュレーションになるとも言えるので、ここにすべてが詰まっていると考えておいてください。

大手企業のような展開ができないからこそ、挑戦者は高い質を保つためにさまざまなことを勉強し、常に努力していかなければなりません。数値管理ができることも非常に重要ですし、顧客のこともしっかり理解しなければならない。ですから他人ごとではなく、自分がよくわかっている「じぶんごと」による商品開発でなければ細かいところの勝負ができないと言えるのです。

Web広告でのKPI設定

Webの場合には、広告展開の前に、さらにもう少し細かいKPIを設定しなければなりません。

紙媒体にはバナーも記事LPもないので非常にシンプルですが、Web広告はそういうわけにはいきません。

僕は紙媒体の出身なので、Webの複雑さにいつも泣かされていますし、本当に面倒だなと思うのですが、Web広告に取り組む場合はKPIをちゃんと設定しないと間違えてしまいます。KPI設定は非常に重要です。自力で事業を伸ばしていけるかどうかは、数値管理が細かくできるかどうかが大きく関わってきます。

目標CPOが1万円の場合、171ページの表「目標KPIと改善KPIを設定する」のブルーの欄の目標値を決めます。エレファントでは、そこに入力すればいいだけのシートを用意してあります。

弱い立場から挑戦するなら、今はネット通販のほうが、より取り組みやすいと思っています。

では、ここからＭｅｔａ（ＦａｃｅｂｏｏｋとＩｎｓｔａｇｒａｍ）広告の運用について説明していきましょう。

Ｍｅｔａの場合、広告においてＣＰＭという入札タイプがあり、これが他の媒体との違いの1つです。ＣＰＭとは、広告の1000回表示当たりにいくらかかっているかの費用です。

この額はＭｅｔａ側によって自動決定されます。どのように決まるのかは非公開ですが、僕たちとしてはある程度の仮説をもっています。例えば「競合性」以外に、「広告ではなく一般投稿の露出量はどのくらいあるか？」「その投稿にどの程度、肯定的なアクションがあるか？」等です。

ＣＰＭは、例えばゼロ立ち上げで今始めると、だいたい5000～6000円か、あるいはそれ以上になってしまったりします。

しかし、『ｎ.ｉｃｏせっけん』はＣＰＭが1000円を切ることが多いです。これが前記のような仮説を弊社がもつ理由です。CPMが1万円のところと比べて、それが1000円であれば、CTR(クリック率)、MCVR(記事からLPへの遷移率)、CVR(購入率)がすべて同じでも、CPOは10分の1になります。大手や中小、あるいは商材の抱える条件によって、クリエイティブ以前に成果が異なってきてしまいます。また、これが紙媒体とWeb媒体との大きな違いでもあります。

紙媒体であれば、例えば新聞広告なら、A社の新聞広告は富裕層の住むエリアに配られ、B社の新聞広告はそうでないエリアだけに配られる、というようなことは起こりません。しかし、Web広告の場合は競合性、市場規模、事業内容、その事業者がやろうとしていることをMetaやGoogle等がさまざまなWeb上の情報から判断していると推測されます。

僕たちの経験で言えば、Instagramの一般投稿量(=口コミ)が多い商材ほど、CPMが下がります。

要は、Instagram側が考えた、Instagramにとって好ましいアクション=社会的に好ましいアクションのはずだ、という考えに基づいて、より良い商品、より高い評価を受けている商品ほど、広告でもより注文されやすくなるようにしているのではないか？　という仮説があります。ここからも、「商品開発」がより重要であることがうかがえます。

とはいえ、立ち上げ当初からＣＰＭを数百円にすることはできません。目指すとしても、３０００円程度ではないでしょうか。

例えば、ＣＰＭが１０００円でＣＶＲが３％の場合と同じＣＰＯを出すには、ＣＰＭが３０００円ならＣＶＲを９％にしなければなりません。それくらい広告のクリエイティブに集中しないと、最初の厳しい立ち上げ期を乗り越えられないということです。その試練を乗り越えた会社だけが継続的に集客を行える段階にいけます。

つまり、しつこさが重要です。立ち上げ期にはそこをチェックされている、見られているのだと思っています。どれだけしつこく、その仕事を続けているかどうかが見られているということです。

すぐやめてしまう会社かどうか、すぐ飽きられる商品かどうかを見られていることは予測がつきます。起業家には、メンタルの問題ではなく、実質的なしつこさが重要だからです。精神論もさることながら、ロジックとしても決まってしまっている以上、続けなければならないのだと言えるでしょう。

ですから最初は、CVR10%のLPを作らなければいけません。そうすると、やはり質の高いクリエイティブにしなければいけないのです。無名の商品を、誰が何を見て買うのかと言えば、それは口コミしかありません。

では、口コミの代替になるものは何かと言えば、体験談です。

体験談をしっかり集めることができるのは、開発ストーリーのある商品です。そうでなければ、経験上、なかなか難しいです。体験談と開発ストーリー、その2つがあってこそ、CVR10%という高水準の壁を越えられるのです。

ちゃんとした商品を作り、ちゃんと使用感があれば口コミで広がるわけですから、Instagramでの露出量も多くなるはずです。そういう商品をシステムでチェックして洗い出し、追いかけ、肯定評価として日々高めていくのが、MetaのようなWeb媒体です。

ただし、それだけ厳しい媒体だからこそ、生半可に取り組んでいたら絶対に退場させられてしまいます。少しでも気を抜いた商品開発やＬＰ制作をしたら、撤退を余儀なくされることになってしまうのです。

だからこそ、改善基準をしっかり設けておかなくてはなりません。

改善基準とは、「この数字を下回ったら作り直そう」というルールのことです。その基準を僕は、だいたい60％としています。

１人でやっている場合はともかく、誰かにサポートしてもらっているときには、ＫＰＩ設定が重要です。なぜなら、チームで共通の基準をもっていなければ、適切なタイミングで作り直しのすり合わせができないからです。その基準がだいたい60％なのです。

つまり、ＣＴＲ（クリック率）１・５％を目指しているのに、０・９％を下回ったら広告を作り直す。ＣＰＭ３０００円を目指しているのに、５０００円だったらＭｅｔａの広告キャンペーンを作り直す。ＭＣＶＲ（記事遷移率）20％を目指しているのに、14％を下回ったら記事ＬＰを作り直す。ＣＶＲ（購入率）10％を目指しているのに、６％を下回ったら記事かＬＰを修正するという具合に、しっかり改善の基準を設けておか

目標KPIと改善KPIを設定する

例 目標CPOが1万円の場合

目標　入力

広告1000回表示当たりの金額（Meta側で自動決定）→ CPM

表示回数	クリック	CTR	CPC	CPM	費用
100万回	15000	1.5%	200円	3000円	300万円
MCV	**MCVR**	**MCPA**	**CV**	**CVR**	**CPO**
3000	20.0%	1000円	300	10.0%	1万円

改善基準　60%

表示回数	クリック	CTR	CPC	CPM	費用
100万回	9000	0.9%	556円	5000円	500万円
MCV	**MCVR**	**MCPA**	**CV**	**CVR**	
1260	14.0%	3968円	76	6.0%	

- CTR 0.9% → 広告の作り直し
- CPM 5000円 → キャンペーン作り直し
- MCVR 14.0% → 記事LPの修正
- CVR 6.0% → 記事かLPの修正

★CPM基準
・競合性　・上場　・過去、現在の露出量　・露出の継続性　・露出の質（肯定評価）
・露出の種類（広告＜一般）

※判断しやすくするもの
・商品、ブランド、企業名　・商品写真　・ドメイン　・アカウント

なければ、少人数ですべてを同時進行で進めることはできません。一日に取り組めることは1つか2つなのですから、基準を設けて進めることが重要です。

chapter 4

5 戦略のゴールイメージをもつ

ここでお話ししたいのは、僕の個人的な経験からお勧めしたいと考えているゴールイメージの一例です。

長くこの業界にいて、僕自身は通販でずっと拡大維持し続けるのは簡単なことではないという課題認識をもってきました。とはいえ、なかにはあくまでも通販だけで伸び続けている企業もありますから、もちろんこれが絶対に正解だということではありません。ですが、僕たちエレファントは、D2Cというのは事業モデルというより立ち上げ段階の手段ととらえています。そして、『n・i・c・o』という自社の通販事業を立ち上げる際に想定した着地点は、「子どもの敏感肌に悩む親全員が一度は試せること」「良ければ買い続けられる価格にしていくこと」「そのためには、D2Cを手始めに最終的には全国のドラッグストアに1000円程度までの価格で並べること」「それでも黒字にするビジネスモデルを築くこと」でした。

なぜ、ゴールイメージをもつことが大切かというと、着地点を設定すると、それに向けていろいろなこと、例えば最終的に目指すべき価格帯や、この商品を使ってほしい人が決まってくるからです。

エレファントの場合、商品は敏感肌の子ども用石鹸です。子どもの敏感肌で悩む親は、当然ですが、あらゆる所得層にいるはずですから、むしろ所得が高くなくても買えるギリギリの金額として、「980~1200円程度で店頭で買える良質な子ども用石鹸」をゴールとしました。

経済的に余裕のある人たちのためだけの石鹸にはしたくなかったわけです。かといって当時の自分たちのように、まだ店頭の棚を確保できていない中小企業では、通販広告で常に売り場を作りながら売っていくしかない。そうなると広告投資のコストが常にかかり、例えばCPO8000〜1万円でも成立する事業にせざるを得ず、理想の安価に設定するのは難しい。何も考えずに安価に設定して販売開始すれば、確実に倒産することが計算上は明らかです。結果、悩みに特化した「高価格かつ高付加価値」の商品でいくしかない、と考えました。

そのため、最終的な販売価格は980〜1200円程度の範囲を目指しつつも、実際には定期コースの2回目以降で、1個当たり2000円程度からのスタートとなりました。

ビジネスとして成り立ってきてから金額を徐々に下げていったのは、ゴールイメージがあった故です。それにより店舗に納入するロードマップもできましたし、競合が参入しにくいジャンルにすることもできました。2024年5月現在、通販の定期コースでの価格は2個セットで税別2980円、1個当たり1490円にまで下げることができています。

つまり、競合を意識した販売価格の変更ではなく、あくまでビジョンに従った計画的な変更だったわけです。

競合はもしかしたら、通販で売ることだけを考えて僕らの価格を参考に価格設定、展開をしているかもしれません。ですが、それでは継続的な事業化は難しいのではないでしょうか。結果として比較的、競合が生まれなかったのは、僕らが競合戦略ではなく、あくまでビジョンに従って計画通りに価格や売り方を変化させていったからです。

「通販での成功にとどまらない」を意識する

僕たちが参考にした企業はあまりありませんでしたが、それでも意識したのは「通販」「Ｄ２Ｃ」の企業というよりも「通販」「Ｄ２Ｃ」を足がかりに、通販にとどまらず広く社会にその商品・サービスを広げられた企業、通販でのビジネスの成功をビジョンとせず、通販にこだわらず、悩んでいる人に向けてきちんと商品を広く届けることができた企業です。

そういった企業と、通販だけにこだわりすぎて、やがて衰退していった企業との違いは何なのか？　これは、ある意味で僕の研究テーマでした。

僕の結論は、その企業が戦略的に意図してか否かにかかわらず、企業側のビジネスの成功より、顧客側のビジョン達成に軸をおいていたのが違いを生んだということです。そこから僕は、「『ｎｉｃｏせっけん』の通販の成功」ではなく、「子どもの敏感肌で悩んでいる人すべてがこの石鹸を、生活に無理のない範囲の金額で手にしていけるようになること」をビジョンとしました。通販ビジネスとしては平均単価3000～5000円程度は必要ですが、そこは無視して、「みんなが買えるようになるには、1000円くらいじゃないと無理だ」という考えのほうに向かっていくことに決めたわけです。

2024年現在、物価上昇も進み、弊社も原料費等のアップを相談され、原価が上がり続けています。ですから、どこまでやれるかはわかりませんし、現実とのバランスも必要ですが、今も「1000円程度にする」という目標に変わりはありません。

通常の通販、D2C企業の場合は、そんな考え方をしていないような気がします。「通販ビジネスの成功」を優先的に考えていて、例えば、将来的に店頭で1000円程度の金額で提供する、などという景色を想定してはいないわけです。

なので、例えば少し利益が出て余裕が出てきたりすると、すぐ渋谷や恵比寿などにガラス張りのオフィスを構えたり、必要以上に社員を増やして、まるで学生サークルのような会社になっていったりします。そして、やがて業績が悪化すれば身動きが取れなくなり、ひどいときには事業を清算しなければならなくなったりするのは、特に不思議な現象ではありません。

よく「エグジット（出口）」という言葉でM&Aや上場をゴールとしているかのような企業の話を耳にしますが、僕には違和感があります。通販やD2Cに限らず、起業の目的は、その商品やサービスを本当に欲しがっている人たちにしっかりと届けることで、それで世界がより良く変わるのを目指すことであり、「エグジット（出口）」などない。僕はそう考えています。

立ち上げ時からの戦略イメージ

エレファントが『n・i・c・oせっけん』を販売開始した当時は、インフルエンサーマーケティングが盛り上がりを見せてきた時期でした。

インフルエンサーは一般的なWeb広告のアフィリエイターとは違います。Web広告のアフィリエイターの多くのように、「数字がとれればよい」というスタンスではありません。

インフルエンサーの立場としては、彼らを支持するフォロワーを裏切るわけにはいきませんので、彼らが良いと思っていない商品をPRしたり、ただ数字をとるためだけの投稿をしたりすることはしません。結果、こちらのリクエスト通りに書くというマネジメントは、当たり前ですが難しいわけです。

そこで、CVRを安定させる策として、LPや記事LP（LPにいく前に、より深堀りして説明するページ）の重要性が増します。

それで、僕はまず、自分たちでWeb広告のLPや記事LPをしっかりと反応のあるものに精査することから始めました。今でもこの手法をとっています。こうすることで、インフルエンサーの投稿がどんな内容であろうと、ある程度のCVRを確保でき、インフルエンサーにとっても良い案件となり、自然と広がっていくことを企図しています。

『nicoせっけん』販売当初の広告掲載媒体は、Facebook、Instagram、Google、YaHoo!、スマートニュース、グノシー、LOGRYlift、PopinDiscovery、Taboola、UZOU、ドコモ広告、Poets、AkaNe、TikTok、Twitter（現X）など20前後もありましたが、同時にこれはすべてインフルエンサーに移行し、広げていくための布石でもありました。そしてある時期を境にWeb広告での積極的な販促をやめ、インフルエンサーに100％振りきった展開に切り替えました。これはWeb広告よりもInstagramやYouTubeのインフルエンサー展開のほうが店舗の販促につなげやすく、より店舗に置かれやすくなるのではないか、という予測があったからです。

さらに、どうしたら店舗に置いてもらえるかを考えた末に、テレビCMを作ることを決めました。

「通販事業者」は「あやしい」と思われがちです。どこの馬の骨かわからないというイメージがあるかもしれません。そこでテレビCMを打ち、そのCMに僕たち社長夫婦が出演することで、「あやしい会社ではない」信頼できる事業者だろうと評価してもらうのが狙いでした。大手ベビー用品店に置いてもらえるようになったのも、このことと無関係ではなかっただろうと自分たちでは考えています。

また、店舗に置かれたことを契機として、インフルエンサーの採用をさらに拡大させ、それによりさらに店舗での販売を拡大させることができました。

現在の形に構築するのに至るまで、およそ5年をかけました。Web広告の展開からインフルエンサーの展開に移行できるまでにも、約2年かかっています。

戦略のゴールイメージをもつ

例
- Instagramを中心に展開し、全国の店舗に拡大する
- 店舗価格を50g1200円税別にする

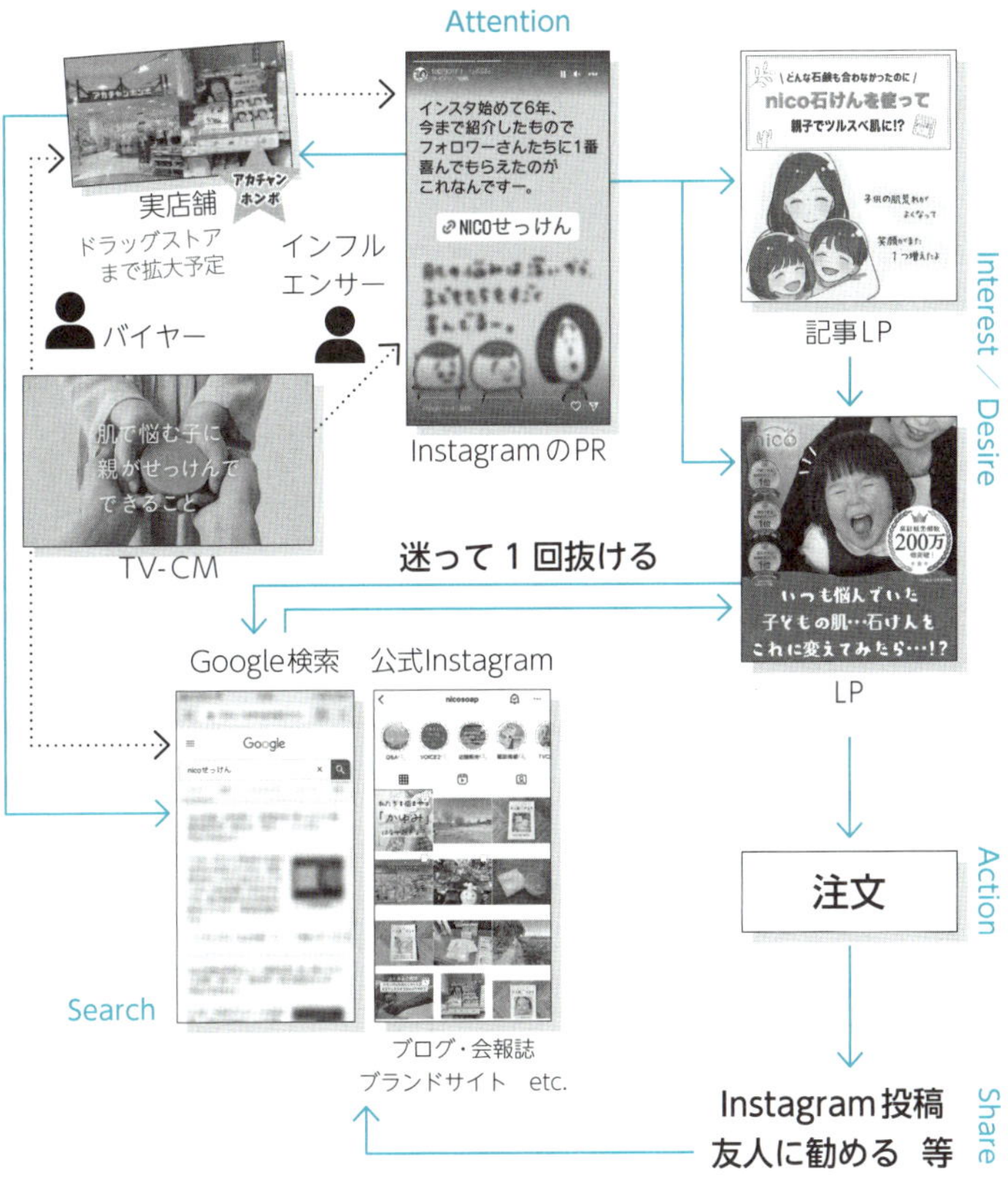

小さく始めて横展開へ

Web広告運用に向けた最初の一歩としては、基本の型作りが肝心です。

Facebook、Instagram、Google、Yahoo!など、媒体ごとに特徴があるので調整は必要になりますが、まずはMeta（FacebookとInstagram）等の軸になる媒体をしぼり込んで基本の型を作り、LPと記事をしっかり構築してから別の媒体に横展開していくことをお勧めします。

基本的に、特に1人や少人数で始める場合は、まずは「最高の1パターン」を作ることができれば管理面でもベストです。

そしてテストで、日予算1万円程度から始めてみるのがよいでしょう。

次に『nicoせっけん』の指名注文が増えていった背景についてお伝えします。

本来は自力でWeb広告を運用したほうがよいので、あまりアフィリエイトを推奨したくはありませんが、1人で立ち上げる場合はどうしても代理店に何かしら依頼す

小さく始めて、横展開へ

1媒体に30万円より、3万円×10媒体のほうがリスクも疲弊も小さい。
ただ、強い媒体が限られてきている現状もある

る部分も生じてくることでしょう。その際の単価の決め方は、全体目標ＣＰＯ＋指名注文の割合と考えます。

「指名注文」とは、商品名やブランド名でＧｏｏｇｌｅやＹａｈｏｏ！といった検索サイトで検索して販売ページに流入し、注文することを指します。そしてこの「指名注文」は、商品の体感、顧客の成功体験に由来することが多く、口コミが増えれば増えるほど割合が高まる傾向にあります。

口コミは、単に有名人が「これ、いいよ」と発信しただけでは、何年も継続して増えていかないものです。実際に使った人の成功体験の数が増えていくことで、口コミは継続的に広まっていきます。つまり、その商品が良くて、顧客の成功体験がちゃんと起きることが何より重要です。

こうして連鎖が広がって指名注文が増える分、それを上乗せした成果単価が払えれば、案件としても取り組んでもらいやすいものとなり、ますます広がりやすくなっていきます。

良い商品は波及効果を生み出します。1人のインフルエンサーさんが投稿してくれ

アフィリエイトの成果単価

有料広告の目標CPO（アフィリエイトの成果単価）は、
全体目標CPO ＋ 指名注文の割合

例

全体の目標CPOが1万円で指名注文が1割の場合

↓

有料広告の目標CPO ＝ 1万円 ＋1割 ＝ 11000円

理由

1割は「指名注文」が発生するため
→「指名注文」が2割の場合は12000円、3割の場合は13000円

→「指名」が多い商品は有料広告の目標CPOを高く設定でき、展開しやすい
『nicoせっけん』の「指名注文」の割合は4割
結果、有料広告やインフルエンサーPRの成果単価が9000円でも全体の平均CPOは5400円になる

→「指名注文」は経験上、「商品を体験した実感値」が高ければ割合が高まる

たら、それを見た3人くらいの一般の方が書いてくれたり、幼稚園のママ友の間で話題となったり……と波及していく中で、試してみようと思った人がさらに指名注文してくれるという形で次々と増えていくのです。

そのようにして購入した人が、さらにまた友人や家族に「この石鹸、いいよ」と勧めて広がる……という形で、ネット上で起こっている以上に実生活の中での口コミムーブメントが生まれているのを実感します。

体感のある良い商品は、こういうムーブメントが起こるので勝負をかけやすくなります。ですから商品開発をしっかりしなければなりません。

指名注文の割合が増えれば目標収益を上げられます。するとまた、PRを増やし、さらに口コミを増やすことができます。人から人への口コミによる情報伝達で商品の良さが伝わると、それがベースとなってさらに展開していくという流れを創出できるのです。

通販業界の「常識」の逆を行く

広告やマーケティングのことを語ろうとすると、結局は何がオリジナルなのか、他では得られない代替不可能な価値は何なのか、何がユーザーにとって最も信用できる情報なのか、といった「根本的な商品開発でしか勝負できない」というところに立ち戻ることになります。

ですから、インフルエンサーで長期的に継続できている会社の商品には、あまり悪い商品というものがありません。勝負しやすく継続しやすかったということは、体感のある良い商品だったから、ということが多いのです。同じインフルエンサーが3年も4年も続けている商品はそう多くはありませんが、そうしたものは良い商品だと言ってよいでしょう。

大手企業や資金力のある企業は、ときに採算度外視で商品を出してくるという可能性もありますが、大手に可能な戦略を資金のない弱い立場でやろうとすると、やはり実感値の高い商品をしっかり作らなくては勝負になりません。付加価値で大手との差別化を図るべきです。

大手企業が参入しにくいところに注目していくのも切り口の1つです。もともと市場規模が小さいフィールドを狙えば、それだけで他社の参入への1つのハードルにはなります。大手の場合、最初の提案書の時点で、例えば年商100億以上等の市場規模を見込めるもの以外は通らないことも多くあります。それなら最初から10億レベルの市場を狙うというのも1つの考え方です。

通販業界で言われている「常識」とは逆のこだわりをもって続けてきた僕自身の経験から言えば、体験ストーリーと開発ストーリーが何より重要です。

ですが実際には、ABテストをしてLPを差し替えていくとか、PDCAでマネジメントしようとかいったテクニカルな話が多くなりがちで、体験ストーリーと開発ストーリーは軽視されることが多いと感じています。「要素として体験談が必要だから、入れておこう」という現在の流れは本末転倒です。コンサルをしている際にクライアントとの感覚のずれを感じるのもその点です。ですから、互いに模倣し合った体験談が記事LPにあふれかえることになってしまうのです。

「体験談を要素として入れよう」という後付けではなく、そもそも「じぶんごと」の悩みに基づいて商品開発すれば、おのずとストーリーが生まれます。

『ｎｉｃｏせっけん』のテレビＣＭに僕たち夫婦が出演したのも、代替不可能、模倣不可能なのは僕たち自身であり、「僕たちのストーリーでしか勝負できないのではないか」と考えたからです。

クリエイティブの行きつく先、クリエイティブの究極は何なのかというと、その会社にしかできないことは何なのか、その会社でなければお客さんに届けられないコミュニケーションや成功体験は何なのか、ということに尽きます。

代替不可能な、素敵な体験ストーリー（成功体験）がたくさん集まるような商品開発をする必要があるのです。

そもそも、ハガキやメッセージがたくさん届くような商品であれば、他社の体験ストーリーを模倣する必要もないし、架空のストーリーを捻出する必要もありません。良い商品を開発すれば、そこから本物のストーリーが生じてくるものなのです。

第5章

組織は小さいほうがうまくいく

chapter5

1

本当に必要な人材とは

事業で重要なのは何より「人」です。99・9%が「人」で決まると僕は思っています。僕自身の実体験から言うなら、うまくいく会社に共通しているのは、基本的に次の2つです。

- 社長自身が本気であること
- 立ち上げ時のコアメンバーは多くても3人以内

これまでもお伝えしてきたように、資金力も知名度もない弱い立場から事業を立ち上げる場合に成すべきなのは、オリジナル商品を作ることですが、そこで障害となることの1つが「意見調整」です。

「意見調整」をしてはいけない

僕の経験上、会議への参加人数がやたらと多い会社が失敗することが多いのは、意見調整が必要になってくるからです。意見調整は、人が多いほど必要になってきます。

僕は、意見調整はしてはいけない、と考えています。なぜかと言えば、意見調整によってコンセプトのブレが生じてしまうことがあるからです。

意見を調整するというのは、根拠となる理屈と事例に基づいて互いを納得させる作業です。ところが、理屈が通用しない相手や理屈に納得しない相手に対しては、具体的な成功事例をもち出すしかなくなります。部下が上司に、同僚が互いに、クライアントがコンサルに求めるのも、「本当に売れるのか？」「本当に当たるのか？」という成功事例の提示です。

成功事例に基づいて多人数で意見を調整していくと、当初のアイデアはどんどん丸くなっていきます。「丸くなる」とは、他のいくつもの会社がやろうとしていることと似たり寄ったりになっていく、ということです。あるいは、他社と同じテーマに行きつくことになってしまうのです。

「美白ならオールインワンゲルでしょ」

「保湿なら、中身はコラーゲン」

「やはりビタミンCじゃない？」

……という具合に、誰もが「そうだね、いいよね」と納得しやすい内容へと流されていってしまうわけです。こうした意見調整をメインに多人数で話し合いを続けているときは、同時に他社も同じアイデアを出し合って会議をしていると思っていたほうがいいでしょう。もしかしたら1年後の同時期に、100社が同じような商品を発売することになるかもしれないくらい、話している内容は一緒です。

ここでもう一度、第3章でお話しした「売れている商品の模倣と表面的な差別化」戦略に陥って、負のサイクルに巻き込まれていく流れについて思い出してください。

社内における意見調整の末に他社と同じような商品を市場に送り出すというのは、1人の恋人を100人で奪い合っているようなものです。ライバルが多いということは、スイッチも多いということです。商品で言えば、これでは合わないから次の物、これもピンとこないからまた別の物……と、とっかえひっかえどんどん乗り換えられていってしまうわけです。

そうなると、継続率が悪いのでLTVは下がり、CPOはどんどん上がっていきます。つまり採算が悪化していきます。その結果、大手企業や資金力のある企業しかもちこたえることができず、事業は失敗に終わります。社会全体で見ても、似たような流れで失敗していく企業は少なくありません。

ですから、意見調整をしないことをお勧めします。できるだけ周囲は見ないほうがいい、とも言えます。1人で「PFS」のフレームワークに基づいて「じぶんごと」の悩みを課題として決めたら、W（市場の広さ）とD（悩みの深さ）を客観的に見定め、C（競合数）を客観的な事実として確認できれば、それでいいのです。

しかし、これが既存事業の発展となると、また別の話にはなります。

事業を最適化していくときには、組織のあり方が非常に重要になりますが、新しいものを作ろうというときには意見調整が障害になるので、人数は少ないほうが望ましいです。

アメリカのある調査で、成功するスタートアップのメンバーは平均7人というデータがあります。僕は、この7人でもちょっと多いと思っています。僕の考えとしては、軌道に乗る兆しが見えるまでは1人でやるべきです。

一方、失敗するスタートアップの人数はと言うと、同じ調査では平均19人とされています。人数が多ければ多いほど立ち上げに失敗する確率も大きくなる、ということでしょう。

chapter 5
2

スピードと「ブレなさ」が成長を生む

もし、エレファントが大きな組織の会社で、僕はその一社員にすぎなかったとした

プロジェクトのコアメンバーは少人数で

- アメリカの調査では、スタートアップ成功企業のメンバー数は平均7名、失敗企業のメンバー数は平均19名
(参考:『起業大全』田所雅之著 ダイヤモンド社)
- エレファントのコンサル経験でも、会議参加人数が多ければ多いほど新規事業はうまくいかない

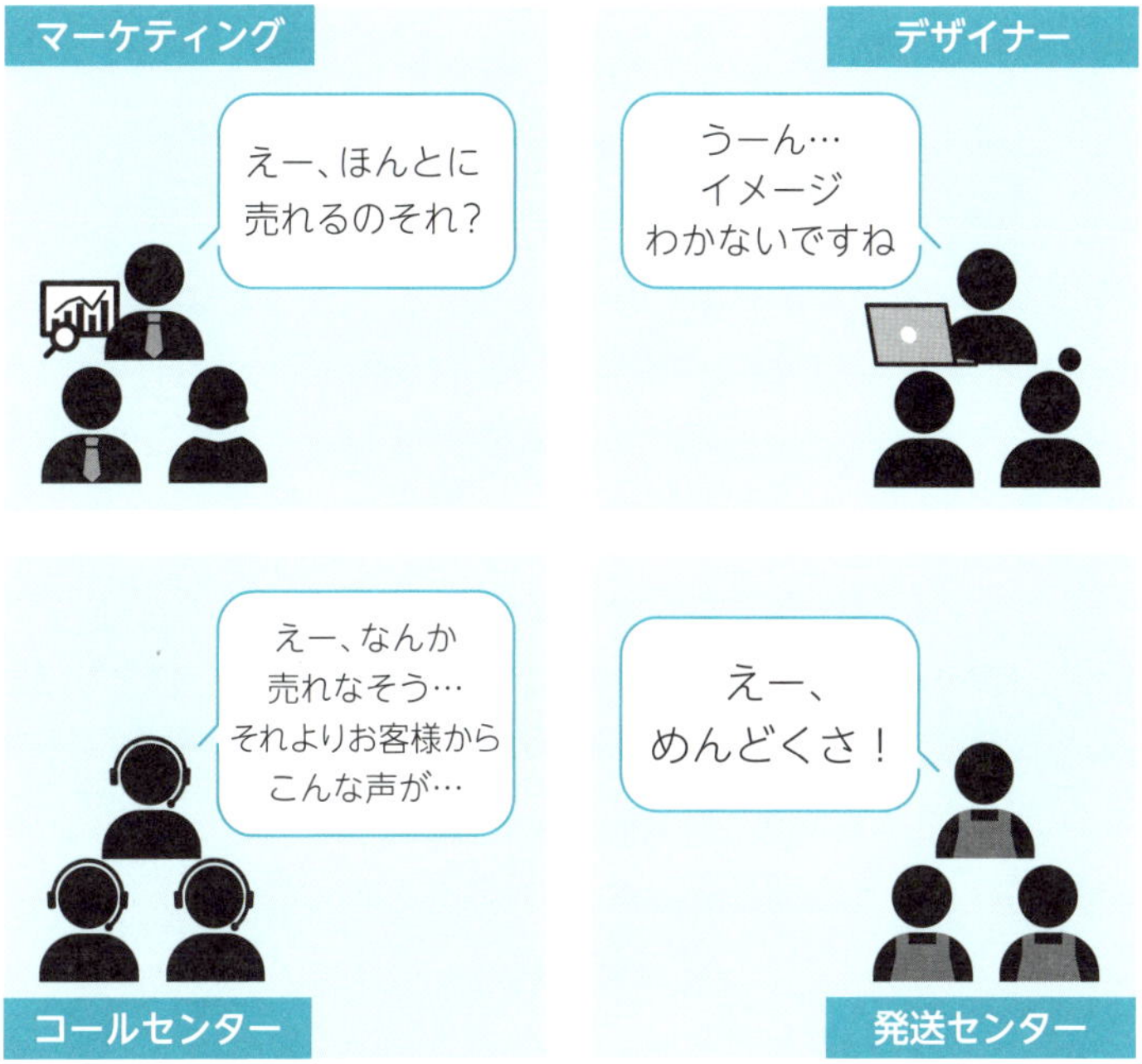

意思決定のスピードと、コンセプトのブレなさが成果を生む

ら、「アトピー性皮膚炎の子どものための石鹸を作りたい」という企画に対して、まずマーケティング部から「それ、売れるの？」「大丈夫？」という声が出てくるでしょう。同僚に意見を聞いても「それ、大丈夫？」と言われたり、外部スタッフのデザイナーにブランディングを依頼すれば、「イメージがつかめないから、もっとしっかりした設計図がほしい」「明確なコンセプトをください」と言われることになったりします。

しかし、まったく新しいものというのは、容易にイメージが湧かないところに新しさがあるものです。がっつり組んで一緒に作ろうという少数の仲間と意見のやり取りをするのとは違って、社内の各専門分野から、それぞれの視点による意見がバラバラに飛び込んでくると、そのつど立ち止まらざるを得なくなってしまいます。これが毎日のように続くと、だんだん自信も失せていき、最後は企画を取り下げてしまうことになるでしょう。

役に立たない「お客様の声」

さらに言えば、僕の経験上、実は新規集客をするための商品開発で、コールセンターや発送センターからの意見が役に立ったことはほとんどありません。

コールセンターのスタッフは、日々お客様の声を聴き、真摯に受けとめ、本気でお客様の立場に立った意見をくれます。でも、顧客が口にするのは、自分が使っている既存の商品に対する要望や不満に限られます。自分が知っている商品の、目で見てわかる悪い点についての指摘しかくれないと思っていたほうがいいでしょう。例えば、「固形石鹸ではなく液状や泡状のタイプなら便利なのに……」などという指摘に限られます。

よく「お客様の声を十分に聴き、意見を吸い上げましょう」などと言われていますが、これは確かに既存商品や既存事業の改善には有効です。

あるいは、例えば『ｎｉｃｏせっけん』の場合なら、これに付随する新たな商品開発をするうえでは非常に参考になります。お客様から「シャンプーが欲しい」「クリームが欲しい」という声があったというコールセンターからの情報は、ブラッシュアップという枠組みの中では役に立ちます。

ただし、これも実際に改善して大いに売れるかどうかは別問題です。以前、僕が勤務していた通販ベンチャーでは、コールセンターからの情報を参考に洗顔石鹸のチューブタイプを作って新規集客しましたが、レスポンスは、顧客から「不潔だ」と不評だった元からあったジャータイプよりだいぶ下がってしまったという経験があります。

発送センターからの意見も同様です。

発送の現場では、手間のかかる作業は避けたいというのが本音です。でも、新規事業をこれから盛り上げていこうと試行錯誤が続く時期には、同梱物が複雑になる可能性が大きいものです。ブランドブック、会報誌、パンフレットなど、多種多様なものを商品と併せて発送することになります。

これらの同梱物が、効率よく作業を進めたい現場にとっては面倒な作業と時間を増やすことになるため、「この冊子、本当に必要なのでしょうか?」「このブランドブック、要らないのではないでしょうか?」という声が発送の現場から聞こえてくることがあります。しかし実際に、売上に影響するから必要なものなのです。

このようなことから、何か新しいことを始めようというときには、コールセンターや発送センターの声が阻害要因になる可能性が経験上は高いです。僕はその結果、コールセンターや発送センターは、立ち上げ期には社内ではなく、外注することをお勧めしています。

周囲に疑われるほど「新しい」商品である

繰り返しになりますが、新規事業の立ち上げ期には、できるだけ周りの声に惑わされないほうがいいし、「じぶんごと」の企画を1人で、あるいはごく少数の仲間と構築していくほうがいいのです。参加人数が多ければ多いほど意思決定のスピードが阻まれ、コンセプトのブレを招くことになるからです。

基本的には、自分1人で取り組まなければ、「0」から「1」を作ることはできません。言わば、それほどまでに周囲から「売れるの?」「当たるの?」と疑われる商品でなければ、新しさはないのです。つまり、周囲に疑われるほどの商品でなければ、すでに世の中には同じようなものが出回っていると考えたほうがいいわけです。

プロジェクトのコアメンバーが少人数であるほど、意思決定のスピードとコンセプトのブレのなさによって成果を生むことができます。

コア人材に必要な「3つのスキル」

今、通販業界で起業しようとするなら、「人材」が事業における成果の大きな決定要素になってきています。

起業するなら、明確なコンセプトをもっていて、なおかつ制作も数値管理もできるハイブリッド型人材がベストです。それが難しくなるごとに、立ち上げコストは上がっていきます。それぞれを2人で分担すれば、生活費は2倍かかります。2人でも不可能で外注するなら、2人の生活費以外に外注費がかさんでいきます。

例えばエレファントの場合は、僕たち夫婦2人でテーマを見出し、僕がコンセプトと戦略、集客、そして数値的な部分を、妻が商品やCRMの制作の部分を担うという状況です。

大人数で会議をすると意見調整の過程で商品のコンセプトにブレが生じるのと同様、1つの担当分野に関わるメンバーの数が増えるほど、アイデアは丸くなっていってしまいます。

また、既存事業のブラッシュアップと、新規事業の開発では、人材として必要とされる要素が異なります。

企業の多くは、新規事業を既存事業の人材で回そうとするのですが、なかなかうまくいかないケースのほうが多いです。D2Cを始めるときは、その責任者が「コンセプト」「制作」「数値管理」をしっかり自分で行っていくことができるか？ 今はできなくてもこれから学んでいく気概があるか？ をしっかりと見きわめる必要があります。

これから新たに業界に参入しようというなら、コアメンバーは「コンセプト」「制作」「数値管理」という3つのスキルをもつハイブリッド型人材であることがベストです。あるいは、既存事業とは別に新規事業を開発しよう、新しいブランドを開発しようという会社には、ハイブリッド型人材の育成がマストになりつつあると感じます。少なくとも各分野に専念する優秀な人材の育成が必要です。

さらに、「じぶんごと」商品でなければ「0」から「1」を作ることはできないという基本に立ち戻って考えるなら、何らかの「じぶんごと」をテーマにもっている人材でなければ、これからの新規事業の立ち上げは厳しいということです。

例えば、GoogleやMetaのような今はとてつもない規模になった企業であっても、もともとは技術者が自分が良いと思ったものを作ることで始めた事業の延長線上にあるわけです。ですから、まずはコンセプトをもっている人間であることが人材としてマストです。コンセプチュアルで、制作も数値管理もできるのがベストです。

これまではコンセプトを自分で考えなくても、シミュレーションができなくても、制作ができなくてもやってこられたとしても、これからはもう通用しなくなるでしょう。そういうスキルもありながら、なおかつ原体験ももちあわせていることが求められると思います。

言い換えれば、クリエイターや研究者、技術者などで、コンセプトをもっている人なら、起業の成功率が高まるということです。

chapter 5

3 非常識な組織が成果を生む

通常の会社の決裁システムでは、新しい企画を実施するにあたって、稟議書を提出し、上司による承認の判が押された書類が手元に戻るまで待つ、という流れがあります。

しかし、これを漫然と続けていたらダメです。

決裁システムを逆転化させる

通販の成功企業には、そもそも稟議制度そのものがない会社が増えています。エレファントのクライアントでも、新企画にいちいち稟議書の提出が必要な会社でうまくいった例はなかなかありません。そのやり方では時間ばかりかかって、最終的に企画が丸まってしまうだけだからです。

稟議書に判を押す上司が判断基準として何を欲しがっているかと言えば、成功事例や確証のあるデータです。例えば商品コンセプトについてリサーチし、「成功しそうか否か」の目安として、アンケート調査の「買いたい」が30％以上ならＯＫという会社もあります。

これは、既存事業でマーケットに続々と新商品を出していかなくてはならない場合には必要かもしれませんし、ある面でフェアではあるかもしれませんが、新規事業で新しい物やサービスを作り出そうというときには、アンケート結果を重視しても新しいものが生まれてくることはなかなかありません。

稟議書をめぐる問題に限らず、何かを決断するにあたって、何ヶ月間にもわたるミーティングを重ねて検討するというプロセスを続けるのはやめたほうがいいでしょう。

僕たちエレファントでは、このプロセスをとっていません。従来の決裁システムを

決裁システムを逆転化させる

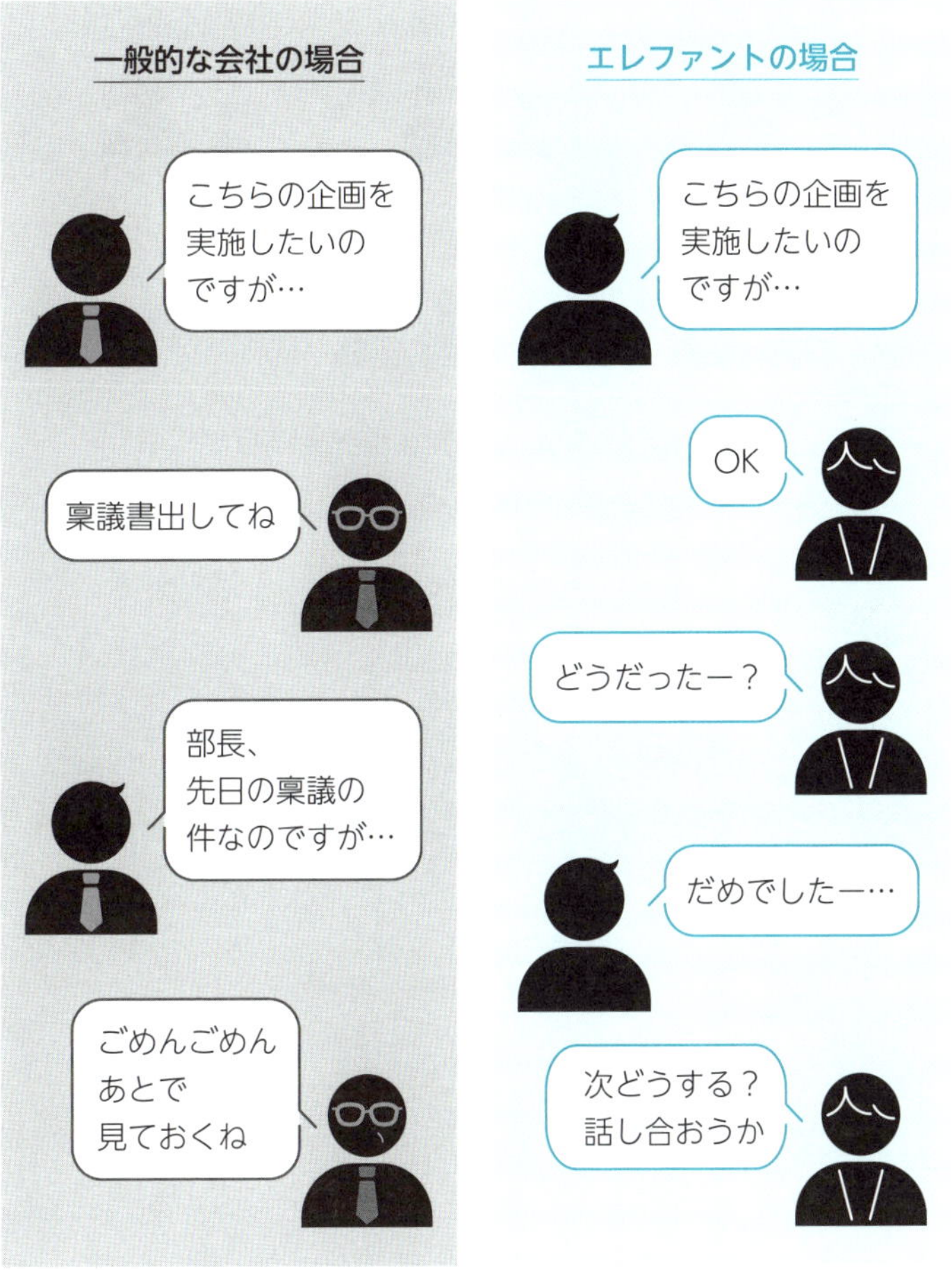

ブランド別のコアメンバーは1～2人

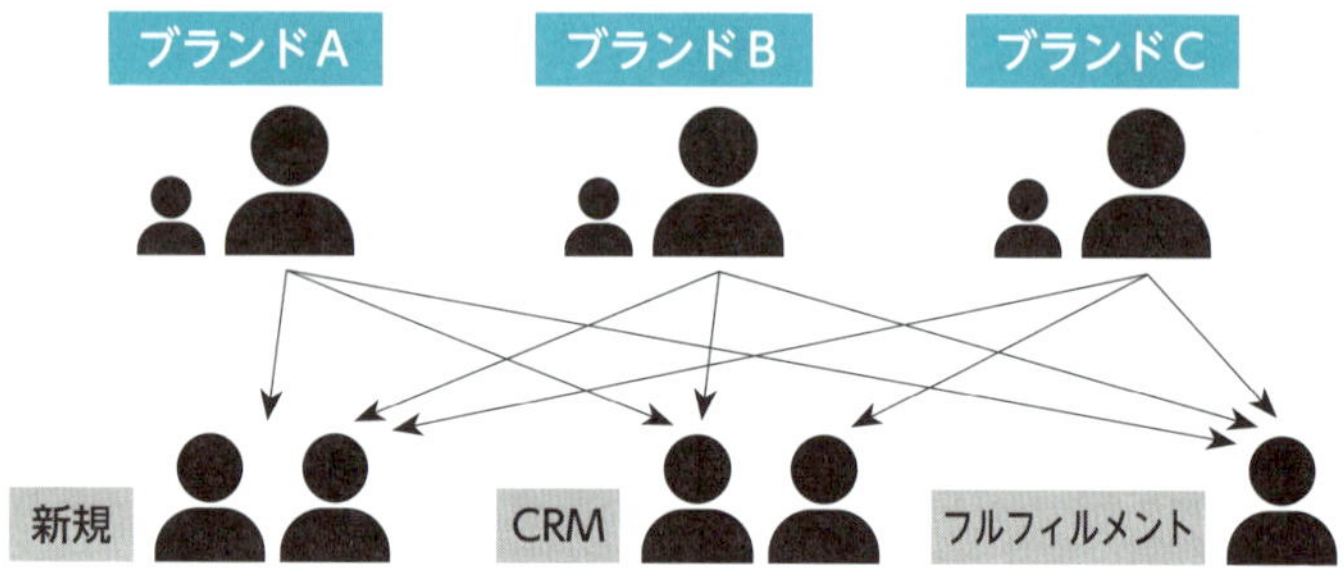

責任者は1人＋サブ1人が基本。
その下に機能別のスタッフ(最初は外注)

逆転化させています。つまり、まずやってみて、その結果に基づいて話し合うという流れです。実施してみて結果が思わしくなければ、何が要因かを探っていくというパターンです。

もちろん、事前に撤退ラインの判断基準は数値にして決めておいたほうがいいですし、スケジュールも決めておいたほうがいいでしょう。PFSのフレームワークに基づいて考え、WDC（市場の広さ、悩みの深さ、競合の数）で確認し、そこにフラストレーション、不満点、未充足点があると判断できたら、まずはやってみることです。

また、ブランドごとのコアメンバーは、トップ1人に、どうしても必要ならサブ1人を置き、どうしても内部組織が必要な場合には、その下に全員が紐づく形で機能別のスタッフを配置するのがベストです。

民主的な組織より「独裁」が正しいこともある

事業を成功させる組織作りとして、僕自身は、新規事業においてはある段階までは「独裁」のほうが良いのではないか？　と考えています。いや、そうでなければうまくいかないとすら思っています。

スティーブ・ジョブズもイーロン・マスクも、日本企業のゼロイチを成し遂げた著名経営者も、ある意味での「独裁」によってまったく新しい事業を推進してきたと言えるでしょう。僕のいる通販業界でも、そういう傾向が顕著に見受けられます。新興企業では、通常の大手企業がとるような民主的路線では、おそらく立ち行かないのだと思います。

少々不適切な表現かもしれませんが、あえて言うなら、民主的な組織からイノベーションは起こせません。そういったシステムでは、後追い商品でやっていくしかなくなるからです。

既存の事業や既存の商品への挑戦として、今までなかったまったく新しい物やサービスを作りたいと考えるなら、「0」を「1」にすることと既存事業のブラッシュアップとの違いを理解しておかなければなりません。自分がやろうとしていることが、果たしてそのどちらに当てはまるのかを見きわめておくことが必要です。

そこで必要な人材もまた、異なります。新しいものを生み出すにはある種の「独裁」、言わば「すべて1人で決断していく」人材がトップを務めるのがベストです。

さらに言えば、1人で事業を立ち上げるなら、地道に商品リサーチをすることから始まって広告制作に至るまで、全部を自力でできることが望ましいと思います。

僕自身の経験で言うと、事業の立ち上げ時には、経験を積んだ周囲のオトナたちから「これだけのものがそろわないとできないぞ」「資金は最低でもこれだけ必要だ」

「こういうチームを編成できなければ無理」などと、相当いろいろなことを言われました。言われているうちに、いや自分にはそんな資金はないし、そんな準備はできないし、やはり無理なんだろうか……という気持ちに陥ることがあります。

でも、結局は自分次第なのです。自分が本気で頑張ればいいんだと、切り替えればいいのです。そのときに間違った頑張り方さえしなければ道は開ける、というのが僕の実感です。

おわりに

想定される通販業界の未来は？

ここではD2C、特に化粧品等の単品、単ブランドのリピート型通販業界は今後こうなっていくだろうと僕が感じていることをお話しします。

実は、起業する前から考えていたことばかりで、エレファントの立ち上げに当たり、目指すべきこととして社内に向けてまとめたものが基になっています。

本質化の時代へ

「本質的なものだけが選ばれる」傾向がますます強まっていくと感じています。ここで言う「本質」とは「世の中に必要とされる商品」を、「じぶんごと」として本当にわかる人が開発し、市場に送り出していく本来的な商売のあり方のことを指しています。第4章で触れたように、Ｍｅｔａ等の媒体にも「売れるべき商品が売れる」ことを促進する流れを感じます。つまり、市場とメディアの両方からますます「本質」を求められていく状況にあるのです。

結局、商品で勝負がつき、ビジネス的な戦略性や仕掛けの妙技で売れるということは減っていくと見ています。そんな中で大切なのは、自分が本当に熱中できる、本気になれるコンセプトをもてることと、それをもてる人材です。

実際、エレファントのコンサル事業においてもＤ２Ｃ通販事業においても、クライアントや周辺の事業者で生き残っている企業においても、そのような傾向が顕著となっています。

これまでは、売上や利益だけを重視し、すでにヒットしている商品を模倣して少し差別化したら、あとは戦略やマーケティング、集客力で勝負する、といった展開をしていく事業者がほとんどでしたが、これからはそれが通用しなくなっていくということです。現実に、模倣を軸としたマーケティングは通用しなくなってきています。

戦略、企画、クリエイティブを代理店に依存するしかない企業は残っていけません。これは、コンサル事業としてエレファントを立ち上げたときのコンサルポリシーでもありました。

他力から自力へ

それまでのコンサルとしての経験から感じていたのは、いわば代理受験のようなことを求めるクライアントがあまりに多いということでした。コンサルとは本来、予備校講師のような存在であって、必要な知識や受験に勝ち残るための勉強方法は教えますが、それに基づいて勉強し実力をつけ、受験するのはクライアント自身です。しかし、「お金と受験票を渡すから代わりに受験してきて」とでも言うような求めが多いのは、自力で考え、自力でビジネスを推進することができないから、あるいは自力でやっていく気がないから全面的にコンサルや代理店に頼るほかない事業者が多いということです。

この状況を変えていきたくて、僕はエレファントを立ち上げました。

自力でやっていける力をつければ良い商品が生まれるし、良い商品だけが残っていくだろうと考えました。媒体側の意識が変化しつつある時代に、ちゃんと本気で取り組む者が残り、そうでない者は退場させられることになる。その傾向は目に見えていました。

僕はクライアントには、現場ではっきりと「コンサルや代理店に頼るだけでは残れなくなっていきますよ」と言い続けてきました。だからほとんどのクライアントからは嫌われます。何のためにお金を出して依頼しているんだ、ということになるからです。

メーカーも、広告代理店も、メディアも、広告運用者も、「1強9弱」のような状況が加速しています。ごく一部の自力のある事業者だけが続けられていて、他のほとんどの事業者が続けられずにますます衰退していっているという状況です。

事業者側も自力があるかどうかです。周りを見渡しても残っているのは、自力でできる事業者か、あるいは特定の強い代理店と直接太いパイプを長く保ち続けながらやっているところに限られてきています。

企業から個人へ

こうした状況下では、従来の古い企業の組織を踏襲して、マニュアル通りに取り組んでいてもうまくはいきません。どれだけ戦略やマーケティングのフレームワークを知っても、仕組み化された業務フローを学んでも、結果の出ない時代です。今や「個人」の重要性が非常に高まっています。

一定の枠組みに従った論理的なものはAI化も進んでいます。そんな中、何が違いになるのか？　それはその人個人の、誰にお願いされたわけでも学んで身につけたわけでもない執着やコンセプト、課題認識といったものです。つまり、今や個人の本気度が事業の成功に直接、関わってくる時代になってきています。

自動化の時代へ

システムは自動化に向かって進んでおり、Ｗｅｂ媒体の配信も自動化の領域がますます拡大していきます。事業者は、「商品開発」と「クリエイティブ」にフォーカスしていかなければいけません。人間にしかできないことにフォーカスすべきで、それには繰り返しになりますが、自力が必要です。

しかしながら、肩書は「マーケティング部」「マーケティング担当」とあるのに、実際にはマーケティングをせずに重要な部分を外部にほとんど丸投げしているようなメーカーのなんと多いことか。「その施策については代理店Aさんにお願いしています」というようなケースがあまりに多いのです。それではこれからは通用しなくなるでしょう。

成功は「笑われた数」で決まる

ここまでに挙げた「商品開発」や「クリエイティブ」というものは、仕事の中でも失敗がつきものです。結果、失敗を恐れてか皆、責任を回避して「誰か他の人」に依頼したがる傾向があります。

しかし僕は、特に今後は、成功はそういった責任を進んで受け入れた人の中にしか生まれないと考えています。成功のための1つの指標として、「どれだけ笑われてきたか」「どれだけ周りに笑われ、馬鹿にされ、後ろ指を差されることを厭《いと》わず引き受けられたか?」が大切だと感じます。

こんなことを提案したら非難されるのではないか? 笑われるのではないか? と経験を避けるのではなく、「10回トライしたら9回は外す」と思ってやってみることが重要です。実際に自分で考えて、手を動かした者にしか体得できないものがあるのは確かです。

これは、スポーツでもレベルが上がってくると、実際に選手として苦労した経験のある人の中からしか最高の優れた監督が生まれにくいという現象と一緒です。商品開発やクリエイティブも、やってみて失敗する経験の価値は大きいと僕は思っています。それによって培われる、決してマニュアル化することのできないものは、自分だけの力になっていきます。

一番厄介なのは、経験に基づく蓄積がないディレクターもどき、評論家もどきです。

20代、30代のうちは夢を語っているだけでよかったものが、人生の答え合わせをする40代半ばになってから行き詰まっているように見受けられるのが、評論家もどきの立場を捨てきれなかった人たちです。

若いうちにチャレンジしてたくさん失敗をしてきた人ほど、独立していたり経営者になっていたりしますし、失敗も含めて経験を積み上げているからこそ信頼され、事業が続いているのだと思えます。


もうだいぶ前のことになりますが、家族で行った温浴施設のサウナで偶然、ドキュメンタリー番組を観ました。

「東大卒で大手銀行に就職したが、いろいろ悩み退職。今は人生について考えながら、配達員のアルバイトをしている」

そんな男性がクローズアップされていました。

僕はその番組に釘付けになりました。熱さに汗が吹き出て、カラダは「サウナを出ろ！」と言っていましたが、どうしても目をそらせず、終わりまで観てしまいました。

なぜなら、そこに出ていた若者が、まるで昔の自分のように思えたからです。

努力して得たはずの場所で、やがて悩み、「人生の意味」を考えてしまう。自分が社会になぜか馴染めていないような気がして、自信もない。そして、どうしても次の一歩を踏み出せない。

この本は、そういう人のために書きました。

大した努力もせず、「すぐに儲かる」「明日役立つ」楽なノウハウがほしい。楽に逆転したい。金儲けをしたい。そういう人のための本ではありません。

現状に馴染めていない人の中に「未来を生きている」人がいるはずだと、僕は思います。「あるべき姿」と現状のギャップに、周りの人のようにバランスをとったり、我慢できたりしない人にこそ、未来を変えていく力があるはずだと信じています。そしてこの本が、そういう人たちの人生を変え、社会を変えていくきっかけの欠片くらいにはなってくれることを切に願います。

最後になりますが、出版の機会をくださったダイヤモンド社の方、これまで仕事で関わったすべての方、それから何よりいつもそばにいて一緒にがんばってくれている家族、スタッフに心から感謝します。

これまでのすべての積み重なりがこの本を生みました。ありがとうございます。

山口　武

［著者］
山口　武（やまぐち・たけし）
株式会社エレファント代表取締役社長。1977年、埼玉県生まれ。慶應義塾大学法学部政治学科卒業後、大手食品メーカーに就職するも5ヶ月で退職。転職を繰り返した後、通販ベンチャーに入社し、管理職として年商120億円の達成に貢献。さらに通販会社やコンサルティング会社を経て独自の通販立ち上げ手法を確立する。2014年、株式会社エレファントを創業。D2C・単品リピート通販の「ゼロ立ち上げ」に特化したコンサルティングを行いつつ、2017年から敏感肌のこどもスキンケアブランド「nico」をはじめとする自社事業も展開している。現在はグループ4社で通販に限らない商品企画・販売事業および事業立ち上げのコンサルティングを行っている。

どこにも居場所のなかった僕が見つけた
「じぶんごと通販」の起業戦略

2024年9月24日　第1刷発行

著　者——山口　武
発行所——ダイヤモンド社
〒150-8409　東京都渋谷区神宮前6-12-17
https://www.diamond.co.jp/
電話／03･5778･7235（編集）　03･5778･7240（販売）

装丁・図版作成—安賀裕子
執筆協力——佐藤悠美子
DTP制作——伏田光宏（F's factory）
校正————Letras
製作進行——ダイヤモンド・グラフィック社
印刷————新藤慶昌堂
製本————本間製本
編集担当——酒巻良江

ISBN 978-4-478-11952-5